FÊTES VÉGÉTALES

Gastronomie végétarienne. Simple. Toute l'année.

Angèle Ferreux-Maeght,
Alain Ducasse
& Romain Meder

Photographies
d'Aurélie Miquel

DUCASSE EDITION

ÉDITO

Les végétaux ont du goût. Voilà la raison d'être de ce livre : faire découvrir ou redécouvrir cette vérité essentielle qui est que l'on peut se faire très plaisir en savourant des recettes entièrement végétales.

En pénétrant dans cet univers, on rencontre des produits dont certains sont encore peu connus. Si les algues comme la dulse, la nori, le wakamé ou les kombu se trouvent plus fréquemment dans nos assiettes depuis quelques années, d'autres, comme la chia, une herbacée du Mexique, seront peut-être des découvertes pour de nombreux lecteurs.

Cuisiner des végétaux, c'est aussi apprendre de nouveaux gestes. Travailler un légume ne se limite pas à le plonger dans l'eau bouillante. D'innombrables techniques permettent d'en exalter la saveur, depuis l'infusion ou la déshydratation pour les herbes jusqu'à l'extraction des jus ou le mixage, en passant même par la fermentation. Pourtant, qu'on se rassure : toutes ces recettes ont été conçues pour être aisément réalisables chez soi.

Mais le plus important reste le plaisir du goût. La cuisine végétale organise la rencontre inattendue de l'aubergine et de la poire qui, ensemble, donnent un délicieux condiment. Elle révèle la subtile saveur d'une vinaigrette de fraise ou d'une moutarde de coing. Ou encore l'irrésistible gourmandise d'un dessert avocat-kiwi.

Avec Romain Meder et Angèle Ferreux-Maeght, nous avons exploré ces nouveaux territoires culinaires qui conjuguent à la perfection plaisir et santé pour que le végétal soit une fête.

Alain Ducasse

| 10 Sureau

| 36 Fenouil

| 28 Algue

PRIN

| 18 Asperge

| 20 Morille

| 18 Salicorne

| 22 Pomme de terre

| 20 Petits pois

| 22 Épinard

-TE-MPS

Info nutrition

Les fleurs de sureau, en plus de leur parfum délicat, ont, comme les fruits, des propriétés antivirales et anti-inflammatoires des voies respiratoires. Elles sont aussi riches en antioxydants. Un petit rhume sera un bon prétexte pour savourer votre vin de sureau, avec modération, bien sûr !

VIN DE SUREAU

Pour 6 l – Préparation : 10 min
Sans cuisson – Repos : 9 mois

500 g de sucre non raffiné
200 g de fleurs de sureau
1,5 l de vin blanc au choix
4 l d'eau
50 cl d'eau-de-vie

Dans un cul-de-poule, mélangez tous les ingrédients, puis filmez et réservez à température ambiante, dans un bocal hermétique, dans l'idéal 3 mois.

Filtrez et conservez toujours à température ambiante au minimum 6 mois avant consommation.

Astuce
Plus long est le temps de repos, meilleur est le vin.

Info nutrition

Le fait que le sésame soit toasté accentue le goût salé, ce qui permet de consommer moins de sel. Et, surtout, le sésame est très riche en calcium.

GOMASIO

Pour 60 g – Préparation : 5 min
Cuisson : 5 à 15 min

Le gomasio *(Goma- so-)* est un condiment à base de sel marin et de sésame torréfié, puis broyé. Utilisé au Japon depuis des millénaires, il est aujourd'hui un incontournable de la cuisine macrobiotique et du milieu yogi.
Vous pouvez vous amuser à créer une infinité de variantes. Voici quelques idées :

Sésame spiruline

55 g de sésame complet

5 g de sel de mer non raffiné (ou fleur de sel, ou sel rose)

1 c. à c. de spiruline en poudre

Amande algue

55 g d'amandes entières

5 g de sel de mer non raffiné (ou fleur de sel, ou sel rose)

1 c. à s. d'algue nori en paillettes

Noisette herbe

55 g de noisettes entières

5 g de sel de mer non raffiné (ou fleur de sel, ou sel rose)

1 branche de romarin

Pour réaliser votre gomasio, le principe est toujours le même, peu importe la recette choisie. Il faut bien torréfier l'oléagineux de votre choix, c'est cette étape qui fera ressortir le goût du sel.

Préchauffez votre four à 180 °C (th. 6). Placez-y vos amandes, noisettes, ou votre sésame, jusqu'à obtenir une belle coloration (5 à 15 min en fonction des ingrédients sélectionnés).

Une fois refroidis, déposez-les dans un mortier avec la fleur de sel et l'élément accompagnant de votre choix, puis pilez le tout pour obtenir une sorte de chapelure. Vous pouvez conserver votre gomasio pendant plusieurs semaines sans problème, dans un endroit frais et sec, et agrémenter vos plats préférés.

Info nutrition

La cardamome est une épice douce aux nombreuses vertus, notamment digestives. Sa saveur puissante impose une utilisation parcimonieuse mais elle invite immédiatement au voyage. Bénéfique pour l'estomac, elle peut être utile en cas de mal des transports. Antiseptique, elle participe à l'entretien d'une bonne santé buccale. Pensez à elle pour des infusions de fin de repas : dépaysement et digestion sereine assurés !

FIGUES VERTES AU VINAIGRE

Pour 10 personnes – Préparation : 10 min

Cuisson : 10 min – Repos : 1 mois

10 figues immatures
500 g de vinaigre blanc
30 g de sucre non raffiné
12 capsules de cardamome verte
5 bâtonnets de fenouil sec
Graines de coriandre
Poivre blanc en grains

Portez à ébullition le vinaigre avec le sucre. Versez-le dans un bocal préalablement stérilisé sur les figues vertes, quelques graines de coriandre, la cardamome, le fenouil sec et du poivre blanc. Fermez le bocal et réservez environ 1 mois avant utilisation.

Utilisez comme un condiment.

La déshydratation

Les herbes aromatiques sont une grande source de chlorophylle. Ce pigment favorise une bonne digestion et nettoie le foie, aussi sont-elles souvent utilisées pendant les cures de détox. Comme les herbes ne sont disponibles qu'à certaines périodes de l'année, voici quelques idées pour bien les conserver.

Elle permet une conservation longue et est facile à réaliser.

Pour cela, placez les branches de vos herbes préférées (menthe, basilic, romarin, thym) directement dans le déshydrateur, programmez-le sur environ 45 °C et laissez-y les herbes de 2 à 6 h. Surveillez le séchage car cela peut aller assez vite pour les feuilles. Vous pouvez également faire sécher vos herbes au four à 50 °C (th. 1), mais cela prend plus de temps. Sinon, il est possible d'acheter des herbes déjà séchées dans le commerce.

TECHNIQUES POUR CONSERVER LES FEUILLES & HERBES AROMATIQUES

La congélation

En portion individuelle, cela permet d'utiliser seulement la dose dont vous avez besoin et de conserver les restes de vos bottes entamées sans gâchis.

Effeuillez ou coupez vos herbes. Placez-les dans des moules à glaçons et remplissez à hauteur d'huile d'olive. Placez le tout au congélateur. Sortez ainsi vos « glaçons » d'huile aux herbes au fur et à mesure, en fonction de vos besoins.

Infusion dans l'huile

Pour donner le goût des herbes et plantes aromatiques à vos préparations, vous pouvez également les mettre dans de l'huile, d'olive ou de pépins de raisin, afin que cette dernière en prenne toutes les saveurs.

Cela fonctionne très bien avec des herbes fragiles comme l'estragon, la coriandre ou la sauge. Vous pouvez les garder ainsi pendant 4 mois et vous en servir pour assaisonner salades, poissons ou légumes.

En bouquet séché

Faites de jolis bouquets (aussitôt après la cueillette !) avec vos herbes aromatiques, et suspendez-les à l'envers dans un endroit sec et suffisamment ventilé. À l'air libre, c'est parfait, mais évitez une exposition directe au soleil.

Info nutrition

L'asperge est un légume très riche en acide folique (ou vitamine 9), très intéressant pour la femme en préconception ou en tout début de grossesse. Cette belle tige verte contient également une grande quantité de vitamine K1, nécessaire à une bonne formulation sanguine.

La salicorne, cette succulente maritime, est naturellement salée et permet donc de limiter l'apport de sel dans une recette. C'est aussi une source de vitamine A, vitamine très polyvalente au rôle antioxydant particulièrement intéressant pour la vision.

ASPERGES VERTES, SALICORNE, PISTACHES

Pour 4 personnes – Préparation : 30 min

Cuisson : 10 min

La vinaigrette

100 g de pistaches décortiquées
150 g d'huile d'olive
200 g d'asperges vertes
100 g de salicorne
Jus de citron

Le condiment

15 g de salicorne
20 g d'asperges vertes
1 ou 2 c. à s. de pistaches torréfiées

La garniture

12 asperges vertes (calibre +26)
5 g de pistaches torréfiées

Dressage & finitions

100 g de salicorne
40 g d'obione
40 g d'algues poivrées
40 g de criste marine

La vinaigrette

Réalisez une huile de pistache : torréfiez très fortement les pistaches décortiquées, qui doivent être presque brûlées, mixez dans un robot assez longtemps, puis montez à l'huile d'olive. Réservez une partie de cette huile pour la cuisson des asperges.

Passez les asperges vertes et les salicornes à l'extracteur. Réduisez ce jus de moitié. Montez-le à l'huile de pistache et rectifiez l'assaisonnement avec un trait de jus de citron. Réservez.

Le condiment

Grillez 10 g de salicorne à la poêle quelques minutes pour les marquer.

Mixez les asperges crues, ajoutez les pistaches, puis les salicornes crues et grillées pour obtenir un condiment bien lié. Détendez ce condiment avec un peu de vinaigrette si nécessaire.

La garniture

Préparez les asperges et gardez des pointes de 12 cm. Cuisez-les à la casserole dans 2 c. à c. d'huile de pistache. Terminez la cuisson au barbecue.

Dressage & finitions

Assaisonnez les algues (un tiers de chaque) et la salicorne avec la vinaigrette et quelques pistaches torréfiées concassées.

Sur chaque assiette, disposez le condiment, des asperges vertes grillées dessus, servez la salade marine et ajoutez de la vinaigrette si besoin.

Conseil

Si possible, préférez l'extracteur à la centrifugeuse : il permet d'extraire en douceur le jus de chaque ingrédient sans dénaturer le produit, son goût et ses qualités nutritionnelles. Vous pouvez également mixer puis passer au chinois pour récupérer le jus des ingrédients.

Info nutrition

Petits pois frais et févettes ont les avantages nutritionnels des légumineuses sans leurs inconvénients de préparation. Prêts en un tour de main, ils limitent comme les autres légumineuses l'absorption par l'organisme du mauvais cholestérol.

PETITS POIS, LAIT DE COCO & MORILLES

Pour 4 personnes – Préparation : 50 min

Cuisson : 10 min

1 kg de petits pois
1 kg de morilles
100 g de févettes
Huile de coco
100 g de lait de coco
Jus de citron
12 fleurs de fève ou de pois
50 g de pousses de petits pois ou vesce de pois de senteur (pois sauvage)
Sel
Poivre

Le jus de cosses de petits pois

Écossez les petits pois et réservez-en 300 g. Passez les cosses ainsi que les plus gros petits pois à l'extracteur pour obtenir 400 g de jus. Réservez.

La garniture

Nettoyez les morilles en prenant soin d'enlever le sable et la terre. Écossez les févettes. Réservez.

Dans une casserole, faites étuver les morilles avec de l'huile de coco, à couvert quelques minutes. Montez le lait de coco comme une crème chantilly et ajoutez-la aux morilles en fin de cuisson, juste avant de dresser. Rectifiez l'assaisonnement si nécessaire.

Dans une autre casserole, faites suer les petits pois et les févettes à l'huile de coco bien froide, sans coloration. Ajoutez le jus centrifugé et laissez réduire jusqu'à ce que celui-ci soit lié. Dressez.

Dressage & finitions

Dressez une bonne cuillère de petits pois et de févettes, puis ajoutez des morilles avec le jus de cuisson crémé, les fleurs et les pousses.

Info nutrition

Pour ceux qui ne le sauraient pas encore, non, la consommation d'épinards en boîte ne rend pas super-fort, mais la consommation des feuilles crues est bien super-saine ! Riche en chlorophylle, l'épinard est un bon assainissant des intestins, et il contient de nombreux antioxydants, dont la bétaïne, qui est bénéfique pour le foie. On pourrait donc dire que l'épinard est un excellent 2 en 1 pour le couple foie-intestins.

SALADE DE PETITES POMMES DE TERRE & POUSSES D'ÉPINARD

Pour 5 personnes – Préparation : 20 min

Cuisson : 25 min – Repos : 15 min

La salade

300 g de pommes de terre grenailles
100 g de noisettes
300 g de pousses d'épinard
2 oranges
1 botte de persil
2 poires
5 radis boules lavés
1 oignon cébette
Sel gris

La sauce aux agrumes

4 c. à s. d'huile de sésame
2 c. à s. d'huile de germe de blé
1 pincée de sel gris
Le jus et le zeste de 1 orange et de 1 citron
2 branches d'estragon citronné (ou autres herbes aromatiques)

Les pommes de terre grenailles

Placez les pommes de terre non épluchées dans une grande casserole d'eau froide avec 1 c. à s. de sel gris. Comptez 15 min de cuisson une fois l'eau frémissante. Égouttez-les et laissez-les refroidir.

La salade

Préchauffez le four à 180 °C (th. 6). Mettez les noisettes sur une plaque et enfournez pour 5 à 10 min jusqu'à ce qu'elles soient bien dorées. Laissez refroidir complètement, puis frottez-les entre vos mains pour enlever la pellicule et concassez-les au couteau.

Prélevez le zeste des oranges, puis levez les suprêmes.

Lavez les pousses d'épinard et le persil. Ciselez finement le vert de l'oignon cébette.

Taillez ensuite les poires à l'aide d'une mandoline pour obtenir de très fines lamelles. Faites de même avec les radis de façon à obtenir des petits pétales.

La sauce aux agrumes

Enlevez les feuilles des branches d'estragon et coupez-les très finement.

Dans un bol, émulsionnez tous les ingrédients liquides, ajoutez l'estragon et laissez infuser 10 min.

Dressage & finitions

Coupez les pommes de terre en deux. Dans un grand saladier, déposez les pousses d'épinard, puis les pommes de terre, les radis, les suprêmes d'orange et les tranches de poires enroulées. Parsemez de noisettes concassées et d'oignon cébette ciselé. Versez la sauce à la cuillère uniformément et servez immédiatement.

Info nutrition

Avec le chou kale, encore un petit gâté de la famille des crucifères, riche en vitamines A, C et K, en antioxydants, en calcium et en potassium, c'est presque un complexe multivitamines et minéraux que vous offrez à votre organisme, alors abusez-en !

PIZZA VERDE FINE, PESTO DE CHOU KALE & CŒUR D'ARTICHAUT

Pour une pizza de 25 cm de diamètre – Préparation : 25 min
Cuisson : 15 min – Repos : 1 h

La pâte à pizza

80 g de farine de pois chiches
40 g de farine de sarrasin
1 c. à c. de levure chimique
1 c. à s. d'huile d'olive
1 c. à c. de vinaigre de cidre
2 pincées de sel gris
20 cl d'eau

Le pesto de chou kale

100 g de chou kale
150 g d'huile d'olive
1 petite gousse d'ail
2 pincées de sel gris

Les artichauts

3 artichauts poivrades
1 c. à s. de vinaigre blanc
Romarin
1 gousse d'ail
5 cl de vin blanc sec
Huile d'olive

La garniture

2 grosses feuilles de chou kale
1/2 courgette
20 g de pignons de pin
1 c. à s. de graines de lin
1 filet d'huile d'olive
2 pincées de gros sel
1 bouquet de basilic ou de pousses et herbes fraîches de votre choix

La pâte à pizza

Mélangez tous les ingrédients pour obtenir une pâte homogène ; la texture doit être proche de celle d'une pâte à crêpes. Laissez-la reposer pendant au moins 1 h à température ambiante.

Faites ensuite chauffer une poêle antiadhésive, d'environ 20 cm de diamètre, avec un filet d'huile d'olive. Versez la préparation et faites cuire à feu doux pendant 3-4 min. Des petites bulles doivent se former à la surface. Retournez délicatement la pâte en veillant à ne pas la casser. Faites cuire 1 à 2 min supplémentaires.

Débarrassez sur une plaque à pâtisserie recouverte de papier cuisson et réservez.

Le pesto de chou kale

Faites chauffer une casserole d'eau salée jusqu'à ébullition. Pendant ce temps, ôtez la côte des feuilles de chou. Blanchissez les feuilles 2 min dans l'eau bouillante. Débarrassez-les dans un saladier rempli d'eau froide. Égouttez-les et placez-les dans un mixeur avec les autres ingrédients. Mixez le tout afin d'obtenir une purée fine.

Étalez le pesto sur la base de votre pizza en laissant un bord d'environ 1 cm.

Les artichauts

Conservez environ 3 cm de tige et épluchez-la. Ôtez les feuilles les plus dures, puis coupez l'extrémité des feuilles restantes pour en conserver un tiers environ. À l'aide d'un couteau, égalisez le tour de l'artichaut en supprimant les morceaux de feuilles durs s'il en reste.

Placez ensuite les artichauts dans un bol d'eau froide avec le vinaigre blanc afin qu'ils ne noircissent pas.

Dans une casserole, faites chauffer 2 filets d'huile d'olive, l'ail, le romarin et les artichauts égouttés. Coupez-les en quatre et faites-les revenir pendant 5 min. Versez le vin blanc et portez à ébullition. Une fois le vin évaporé, ajoutez 10 cl d'eau, couvrez et laissez cuire à feu doux pendant environ 30 min en surveillant de temps en temps. Les artichauts doivent être fondants mais se tenir encore. Disposez-les sur la pizza.

La garniture

Détaillez les feuilles de chou en petits morceaux et placez-les dans l'huile d'olive.

Taillez la courgette en pétales à la mandoline le plus finement possible.

Finitions & dressage

Préchauffez le four à 200 °C (th. 7). Passez la pizza au four pendant 5 min. Décorez-la en disposant joliment le chou mariné, les pignons, le basilic, les pousses et herbes fraîches, ainsi que les pétales de courgette avec un filet d'huile d'olive et le gros sel.

Info nutrition

Le pissenlit, cette petite plante à l'allure si humble et pourtant si utile!
Le pissenlit est un dépuratif complet, il stimule en douceur le foie, la vésicule biliaire et les reins pour faciliter l'élimination de nombreuses toxines. Il joue un rôle dans la prévention des calculs rénaux et biliaires et il est bénéfique pour l'ensemble du système digestif. Le printemps est la saison de prédilection pour sa consommation; c'est aussi la période idéale pour une cure de nettoyage.

FLEURS DE COURGETTES, PISSENLIT & AMANDES

Pour 10 personnes – Préparation : 35 min

Cuisson : 20 min – Repos : 36 h + 2 h

Le pickles

50 g de boutons de pissenlit
100 g de vinaigre blanc
50 g d'eau
15 g de sucre

La vinaigrette aux herbes

1/4 de botte de thym
3 branches de romarin
100 g d'huile d'olive
Le jus de 1 citron

Le lait d'amande

150 g d'amandes fraîches décortiquées
50 g d'amandes sèches émondées
50 cl d'eau

La garniture

30 fleurs de courgettes
550 g de feuilles de pissenlit
250 g d'épinards
50 g d'amandes fraîches décortiquées
Huile d'olive
Sel
Poivre

Le pickles

La veille, nettoyez les boutons de pissenlit. Faites bouillir le vinaigre, l'eau et le sucre. Placez les boutons de fleurs de pissenlit dans un bocal, puis versez le mélange bouillant dessus et fermez hermétiquement. Conservez au frais et utilisez après 24 h minimum.

La vinaigrette aux herbes

Ciselez finement les herbes et mettez-les à infuser une nuit dans l'huile d'olive. Ajoutez le jus de citron. Réservez.

Le lait d'amande

Le jour-même, réalisez le lait d'amande comme indiqué p. 156.

La purée de pissenlit

Nettoyez tous les pissenlits. Réservez-en la moitié pour la salade. Faites blanchir le reste avec les épinards dans de l'eau bouillante. Laissez refroidir, puis mixez jusqu'à l'obtention d'une purée lisse. Assaisonnez d'huile d'olive, de sel et de poivre.

Les courgettes rôties

Détachez les fleurs des queues de courgettes. Faites rôtir les queues à la poêle avec un filet d'huile d'olive (ou grillez-les au barbecue) jusqu'à ce qu'elles soient cuites. En fin de cuisson, ajoutez les fleurs entières quelques minutes pour les faire tomber.

La salade de pissenlits

Dans un saladier, mélangez les feuilles de pissenlits restantes, les boutons de pissenlits en pickles et quelques fleurs fraîches ainsi que des amandes fraîches émincées ou en gros morceaux, au choix. Assaisonnez de vinaigrette.

Dressage & finitions

Sur une assiette, dressez une cuillerée de purée de pissenlit, puis posez les courgettes rôties dessus. Accompagnez de salade de pissenlits et de fleurs de courgettes. Saucez le tout de lait d'amande.

Info nutrition

Les algues sont très riches en minéraux : fer, calcium, iode, phosphore, magnésium, cuivre… Mais aussi en vitamines, notamment A, K et du groupe B.
Elles sont également très riches en antioxydants de différentes familles.
Leur richesse en protéines, iode et sélénium en fait un véritable atout pour les thyroïdes fatiguées. Peu caloriques et riches en fibres solubles, elles vous accompagneront dans le cadre d'une détox ou d'une volonté de vous affiner un peu.

TARTARE D'ALGUES

Pour 4 personnes – Préparation : 20 min
Repos : 30 min

200 g d'algues fraîches mélangées au choix (wakame, dulse, etc.)

50 g de radis daïkon

2 petits fenouils

4 branches de menthe (ou de verveine)

2 c. à s. d'huile de noisette ou de sésame

Le jus et le zeste de 2 citrons verts

10 g de gingembre

1 petite échalote ou $^{1}/_{2}$ oignon rouge

Choisissez des variétés d'algues fraîches différentes.

Si elles sont conservées dans du sel, laissez-les tremper dans de l'eau fraîche et changez celle-ci au moins deux fois, idéalement en les rinçant sous un filet d'eau courante afin de bien les dessaler. Hachez-les et réservez-les dans un saladier.

Coupez en brunoise le daïkon et les petits fenouils. Ciselez les feuilles de menthe et hachez le plus finement possible l'échalote et le gingembre.

Mélangez tous les ingrédients aux algues, assaisonnez avec l'huile et le zeste et le jus des citrons verts et réajustez selon vos goûts. Réservez au réfrigérateur au moins 30 min avant de servir.

Info nutrition

Le souchet est un tubercule originaire du Niger, consommé depuis des millénaires. Petite mais costaude, cette noix tigrée contient de nombreux minéraux, vitamines et enzymes qui faciliteront la digestion. Mais c'est surtout sa très forte teneur en fibres qui en fait un allié de choix : le gonflement de ses fibres dans l'intestin entraîne rapidement une sensation de satiété, l'idéal lorsque l'on veut limiter les grignotages.

ASPERGES BLANCHES, SOUCHET, AIL DES OURS

Pour 4 personnes – Préparation : 30 min

Cuisson : 45 min + 1 h de séchage – Repos : 1 nuit

La boisson de souchet

200 g de souchet
450 g d'eau
100 g d'huile de pépins de raisin
100 g de tahini
200 g de préparation végétale à monter ou crème fraîche liquide
1 c. à c. de vinaigre Barolo
Le jus de 1/2 citron
Sel
Poivre

La poudre d'ail des ours

12 feuilles d'ail des ours

Les asperges

22 asperges blanches
8 feuilles d'ail des ours

Dressage et finitions

Huile d'olive
Quelques fleurs d'ail des ours

La boisson de souchet

La veille, faites tremper le souchet dans l'eau pendant une nuit.

Le jour même, mixez à froid au Thermomix® ou au blender. Ajoutez la crème, la purée de sésame, l'huile de pépins de raisin, et mixez à nouveau. Passez au chinois, assaisonnez de sel, de poivre, ajoutez du vinaigre Barolo et du jus de citron. Versez dans un siphon et mettez deux cartouches de gaz. Réservez au frais.

La poudre d'ail des ours

Faites sécher l'ail des ours au déshydrateur 1 h, puis mixez en une poudre fine. Réservez.

Le jus & les pointes d'asperges

Préparez 12 asperges et gardez des pointes de 14 cm. Passez les 10 asperges restantes ainsi que les parures des 12 asperges précédentes à l'extracteur. Réservez le jus.

Dans un bocal, disposez les pointes d'asperges têtes en haut, puis mouillez avec le jus d'asperges à hauteur. Mettez à cuire 45 min au four vapeur à 85 °C ou au bain-marie.

Dressage & finitions

Réchauffez les asperges directement dans le bocal. Faites tomber à l'huile d'olive les feuilles d'ail des ours restantes.

Dressez les asperges sur les assiettes et accompagnez d'émulsion de souchet. Ajoutez les feuilles d'ail des ours tombées et saupoudrez de poudre d'ail des ours. Ajoutez quelques fleurs.

Info nutrition

La noix de cajou est, comme tous les oléagineux, un aliment santé. Elle est l'un des fruits oléagineux les moins caloriques, et les graisses qu'elle contient sont mono-insaturées (comme celles de l'huile d'olive), ce qui en fait une bonne alliée pour prévenir les maladies cardio-vasculaires. Riche en magnésium et en vitamines B, elle est idéale pour préserver le système nerveux et garder sa sérénité! Encore une part de cheesecake?

CHEESECAKE CRU AU CITRON

Pour 8 personnes – Préparation : 50 min

Repos : 24 h + 4 h

La pâte

160g de dattes dénoyautées ou de pâte de datte

80g d'amandes non grillées non salées

50g de graines de courge

50g de sarrasin grillé

70g d'huile de coco

La crème citron

420g de noix de cajou crues

130g d'huile de coco vierge

90g de jus de citron

Le zeste de 2 citrons

90g de sirop d'agave

1 pincée de sel de mer

La chantilly de coco

40cl de lait de coco

2 c. à s. de sucre glace

Dressage

Le zeste de 1 citron

La pâte

La veille, graissez un cercle à entremets d'environ 20cm de diamètre avec un peu d'huile de coco. Placez-le sur une plaque recouverte de papier cuisson pouvant aller au réfrigérateur.

Mixez à vitesse moyenne l'huile de coco fondue, les amandes, les dattes, les graines de courge et le sarrasin grillé. On doit obtenir une pâte pouvant se travailler à la main mais pas trop fine afin de garder de la mâche.

Répartissez ensuite cette base dans le fond de votre cercle de manière homogène en tassant, puis réservez au frais 2 h minimum.

La crème citron

Faites tremper au moins 2 h les noix de cajou qui serviront à la garniture de votre cheesecake.

Mixez les noix de cajou égouttées avec l'huile de coco fondue, le jus de citron, le sirop d'agave, le sel et le zeste de citron. Mixez énergiquement, en arrêtant de temps en temps pour racler les côtés de la cuve. La crème doit être très lisse. Versez-la sur la base, puis replacez le tout au réfrigérateur pour la nuit.

La chantilly de coco

Placez un cul-de-poule au frais, ainsi que le lait de coco, 24 h à l'avance. Le jour même, récupérez la partie solide, puis fouettez-la avec 2 c. à s. de sucre glace au batteur électrique jusqu'à l'obtention de la consistance d'une crème fouettée.

Dressage & finitions

Décerclez votre entremets et décorez avec la chantilly de coco et le zeste de citron.

Info nutrition

La framboise est, comme beaucoup de fruits rouges, peu sucrée, riche en vitamine C et en antioxydants. Comme qui se ressemble s'assemble, la rhubarbe a les mêmes propriétés mais elle est, en plus, riche en calcium !

RHUBARBE, SUREAU & FRAMBOISES

Pour 4 personnes – Préparation : 1h15

Cuisson : 40 à 50 min – Repos : 2 h

La pâte sucrée

125 g de farine de maïs torréfiée
125 g de farine de riz
95 g de sucre glace vanillé
60 g d'œufs entiers (1 gros œuf)
150 g de beurre pommade
30 g de poudre d'amande
1 pincée de fleur de sel

Les baies de sureau au vinaigre

250 g de vinaigre de vin
50 g de sucre
Baies de sureau

Le jus de rhubarbe centrifugé

2 bâtons de rhubarbe
Jus de citron

Le condiment framboise-sureau

2 barquettes de framboises très mûres
30 g de vin de sureau (voir p. 10)
Le zeste et le jus de 1 citron vert

La garniture

6 amandes avec la peau torréfiées
3 pincées de fleurs de sureau
8 bâtons de rhubarbe pelés (pas trop acides)
20 g de beurre
10 framboises fraîches

La pâte sucrée

Préchauffez le four à 150 °C (th. 5). Répartissez les farines sur la plaque et torréfiez au four pendant 15 à 20 min en surveillant. Laissez refroidir.

À l'aide du batteur muni de la feuille, mélangez le beurre pommade et le sucre glace. Ajoutez les œufs entiers, puis la poudre d'amande, les farines et le sel. Étalez finement entre deux feuilles de papier cuisson. Faites prendre au frais 1 h.

Les baies de sureau au vinaigre

Pendant ce temps, laissez tremper les baies de sureau dans le vinaigre et le sucre pendant 1 h.

Les amandes brutes torréfiées

Préchauffez le four à 160 °C (th. 5-6). Torréfiez les amandes entières pendant 15 à 20 min suivant la coloration.

Le jus de rhubarbe centrifugé

Lavez la rhubarbe, taillez-la en tronçons et passez-la à la centrifugeuse. Mélangez le jus obtenu avec un peu de jus de citron si nécessaire, pour éviter une oxydation trop importante.

Le condiment framboises-sureau

Écrasez à la fourchette les framboises avec le jus et le zeste de citron vert. Ajoutez le vin de sureau. Débarrassez dans un contenant tapissé de papier absorbant ou d'un torchon afin de « dessécher » cet écrasé pendant 1 h.

La rhubarbe cuite

Coupez des tronçons de rhubarbe de 6 à 8 cm, puis faites-les cuire à la poêle avec une noisette de beurre. Déglacez au jus de rhubarbe centrifugé, puis débarrassez après 5 min environ, lorsque les morceaux de rhubarbe sont cuits.

La cuisson

Coupez un fond de tarte de la taille de votre poêle (20 à 25 cm de diamètre), puis répartissez généreusement dessus l'écrasé de framboises. Faites glisser cette pâte dans la poêle préalablement graissée avec un peu d'huile et placez directement la poêle sur le feu.

Laissez colorer la pâte. Lorsque celle-ci commence à colorer sur les bords, ajoutez les morceaux de rhubarbe et laissez cuire 6 min.

La tarte doit être très colorée dessous, presque trop ; c'est ce qui lui apportera ce goût très gourmand de pâte caramélisée.

Dressage

Une fois la tarte cuite, servez des baies de sureau au vinaigre, des fleurs de sureau fraîches ainsi que des framboises crues.

Info nutrition

La réglisse est, selon moi, trop peu utilisée en cuisine ; il est vrai que son arôme prononcé ne laisse pas indifférent et peut effrayer.
Cette racine a pourtant des vertus anti-inflammatoires et cicatrisantes des muqueuses assez spectaculaires. Elle sera donc idéale pour les maux de gorge et d'estomac.

CERISES, FENOUIL, RÉGLISSE

Pour 4 personnes – Préparation : 40 min

Cuisson : 4 min – Repos : 30 min

La vinaigrette cerises-fenouil

80 g de cerises
1/2 fenouil
100 g d'huile d'olive
Le jus de 1 citron vert
Le zeste de 1 citron vert
1 c. à c. de miel d'acacia

Les cerises rôties

1 kg de cerises bien sucrées
Le jus de 1 citron
Poivre

La salade de fenouil

1 fenouil
Le jus et le zeste de 1 citron
1 bâton de réglisse
12 cerises dénoyautées
Quelques feuilles de capucine

La vinaigrette cerises-fenouil

Passez le fenouil à l'extracteur pour récupérer le jus. Écrasez les cerises dénoyautées à la fourchette afin de bien faire sortir tout le jus. Mélangez-le au fouet avec le jus de fenouil et les ingrédients restants. Rectifiez en sucre avec un peu de miel si nécessaire. Conservez au frais.

Les cerises rôties

Dénoyautez les cerises. Chauffez une poêle à sec et ajoutez les cerises avec une cuillerée de jus de citron. Laissez cuire à couvert 3-4 min. Débarrassez et poivrez, ajoutez du jus de citron si nécessaire.

La salade de fenouil

Émincez finement le fenouil à la mandoline. Mettez-le dans un saladier d'eau glacée et citronnée afin de le garder bien croquant en attendant le dressage.

Égouttez, puis assaisonnez les copeaux de fenouil avec la vinaigrette cerises-fenouil. Ajoutez des quartiers de cerises fraîches ainsi qu'un peu de zeste de citron et des feuilles de capucines pour donner un côté poivré. Rectifiez l'assaisonnement en râpant un bâton de réglisse au-dessus de la salade. Laissez reposer 30 min au frais.

Dressage & finitions

Au fond de chaque assiette, déposez une belle cuillerée de cerises rôties encore tièdes. Ajoutez dessus la salade de fenouil très froide. Servez le reste de vinaigrette à part.

Info nutrition

Ce dessert sans gluten est ludique et simple à faire, et le tapioca est une bonne source de fer et de vitamines K (pour un cerveau en pleine santé) !

ROULEAUX DE PRINTEMPS AUX FRUITS FRAIS & PUDDING DE TAPIOCA

Pour 15 rouleaux – Préparation : 35 min

Cuisson : 10 min – Repos : 3 h

Le pudding de tapioca

50 cl de lait de coco
35 g de sirop d'érable
35 g de fécule de tapioca

La garniture

2 kiwis
1 mangue
10 belles fraises
5 feuilles de basilic
5 feuilles de menthe
15 feuilles de riz
1 c. à s. de coco râpée
1 c. à s. de sésame noir
1 c. à s. de sésame blanc

La sauce au chocolat

40 cl de lait de coco
200 g de chocolat noir à 70 % de cacao

Le pudding de tapioca

Faites chauffer le lait de coco dans une casserole avec le sirop d'érable. Lorsqu'il fume, ajoutez la fécule de tapioca et faites cuire à feu vif en remuant sans interruption pendant 8 min. Débarrassez dans un plat rectangulaire d'environ 20 x 10 cm. Laissez prendre au frais au moins 3 h.

La garniture

Préparez les fruits : épluchez les kiwis et la mangue, équeutez les fraises. Taillez les fraises et les kiwis en fines tranches et la mangue en julienne.

Réservez les plus petites feuilles de basilic pour la décoration et ciselez le reste. Ciselez les feuilles de menthe.

Le montage des rouleaux

Démoulez le pudding de tapioca sur une planche et taillez-le en 20 bâtonnets de 10 cm de long.

Faites bouillir environ 2 l d'eau dans une bouilloire, puis versez-les dans un grand saladier. Sur votre plan de travail, positionnez tous les éléments préparés ainsi que le saladier d'eau chaude et les feuilles de riz.

Immergez une première feuille de riz dans l'eau chaude pendant quelques secondes, puis placez-la sur votre plan de travail. Répétez cette opération avec deux autres feuilles afin de pouvoir en rouler trois à la suite. À environ 3 cm du bord bas de votre feuille de riz, placez au milieu un morceau de pudding de tapioca, puis ajoutez quelques morceaux de fruit frais.

À environ 5 cm du bord haut de votre feuille de riz, disposez au milieu quelques graines et ajoutez de belles tranches ou lamelles de fruit frais joliment alignées. Rabattez les côtés des feuilles de riz et roulez le tout en veillant à bien serrer.

Répétez l'opération avec toutes les feuilles de riz en variant les fruits et en mélangeant le kiwi, la menthe et la coco râpée, la fraise et le basilic, la mangue et les deux sésames. Réservez au frais en veillant à bien couvrir les rouleaux afin qu'ils ne sèchent pas.

La sauce au chocolat

Faites chauffer le lait de coco et versez-le en trois fois sur le chocolat en morceaux. Émulsionnez bien le tout.

Dressage

Servez les rouleaux avec la sauce au chocolat.

ÉTÉ

Info nutrition

Les amandes contiennent du magnésium, qui contribue à diminuer le stress et à détendre les muscles. Elles contiennent également de la vitamine E, aux propriétés antioxydantes, qui aide à prévenir le vieillissement cellulaire de la peau.

YAOURT D’AMANDE

Pour 40 cl – Préparation : 10 min

Repos : 3 jours + 1 semaine

100 g d’amandes sèches mondées
25 cl d’eau
Jus de citron

Faites tremper les amandes 12 h dans l’eau.

Égouttez. Mixez-les à l’aide du Thermomix® ou au blender afin d’obtenir une purée ; ajoutez de l’eau de trempage au fur et à mesure pour obtenir la consistance crémeuse d’une pâte à tartiner.

Si nécessaire, ajustez au goût avec quelques gouttes de jus de citron.

Débarrassez dans un bocal. Conservez à température ambiante 2 à 3 jours pour laisser fermenter la préparation.

Conservez au frais et laissez reposer une semaine avant utilisation.

Info nutrition

Les feuilles de cassis sont presque une panacée. Anti-inflammatoires puissants, elles stimulent, entre autres, notre sécrétion de cortisone, cette hormone qui nous permet de combattre le stress. Elles seront précieuses pour les petits comme pour les grands. En attendant les conseils avisés d'un phytothérapeute, savourez ces baies et troquez votre vinaigre classique contre ce vinaigre de cassis.

VINAIGRE DE CASSIS

Pour 1 l – Préparation : 10 min

Cuisson : 40 min – Repos : 20 min

1 l de vinaigre de vin vieux
50 g de sucre non raffiné
500 g de baies de cassis
100 g de branches
et feuilles de cassis

Portez à ébullition le vinaigre et le sucre.

Mettez les baies de cassis ainsi que les branches et les feuilles dans un bocal, puis versez le vinaigre à ébullition par-dessus.

Laissez reposer 20 min, puis faites cuire au four vapeur 1 h à 85 °C ou bien au bain-marie à légère ébullition pendant 40 min. Réservez en bocal hermétique à température ambiante.

Astuce

Vous pouvez remplacer le cassis par d'autres baies : groseilles, mûres, baies de sureau, etc.

Info nutrition

La lacto-fermentation permet de nourrir la flore intestinale. Ces aliments riches en «bonnes bactéries» font partie de ce qu'on appelle les psychobiotiques: ils aident le cerveau à fabriquer les molécules de la bonne humeur.

CAROTTES 3 COULEURS LACTO-FERMENTÉES

Pour 3 petits bocaux de 25 cl – Préparation : 15 min

Repos : 5 jours minimum

2 carottes jaunes
2 carottes orange
2 carottes violettes

Saumure

30 g de sel gris
1 l d'eau

Dans une casserole, faites bouillir l'eau et le sel, puis laissez refroidir afin que le mélange revienne à température ambiante.

Épluchez les carottes. Râpez-les finement et placez séparément chaque variété dans un bocal différent, en tassant les carottes au maximum afin qu'il y ait le moins d'air possible. Versez la saumure de façon à remplir le bocal à environ 2 cm du bord. Il faut que les carottes soient complètement recouvertes. Refermez le bocal bien hermétiquement, puis laissez reposer environ 5 jours à température ambiante, puis au moins 2 semaines dans un endroit frais (en dessous de 20 °C) avant de les déguster. Pour un repos au réfrigérateur, comptez plutôt 3 à 4 semaines.

Vous pouvez ensuite conserver votre préparation à température ambiante durant plusieurs mois.

Info nutrition

L'infusion de foin permet d'extraire du silicium, un oligoélément utile notamment pour synthétiser le collagène et donc avoir une jolie peau !

LIMONADE DE FOIN INFUSÉ

Pour 2 l – Préparation : 10 min

Cuisson : 10 min – Repos : 45 min

100 g de foin

2 l d'eau de source

La garniture (facultative)

Tranches d'agrumes

Concombre

Morceaux de fruits de saison (pêche, fruit rouge…)

Sirop d'agave

Sucre muscovado

Portez l'eau de source à ébullition. Hors du feu, mettez-y le foin à infuser pendant une dizaine de minutes. Filtrez le tout et réservez la boisson au frais au moins 45 min (ou au congélateur pour que ce soit plus rapide).

Une fois votre boisson bien froide, vous pouvez choisir de l'agrémenter avec la garniture de votre choix.

Variante

Vous pouvez aussi faire infuser le foin dans seulement 50 cl d'eau plate, pendant 20 min pour un goût plus corsé. Une fois cette base refroidie, complétez avec 1,5 l d'eau pétillante.

Info nutrition

L'argousier est une minibombe nutritionnelle : 30 fois plus riche en vitamine C que l'orange, il contient aussi des acides gras, des acides aminés et des minéraux, qui en font un aliment complet et énergisant. « Pétillance » assurée, dans l'assiette et dans l'organisme.

BARBECUE DE LÉGUMES D'ÉTÉ, SAUCE ARGOUSIER

Pour 4 personnes – Préparation : 20 min

Cuisson : 20 min

Les légumes grillés

2 aubergines
3 courgettes
3 poivrons jaunes
400 g de tomates cerises en grappe
Sel
Huile d'olive

La sauce

5 c. à s. de jus d'argousier
10 c. à s. d'huile d'olive
Le jus de 1 citron
2 pincées de sel non raffiné

Les légumes grillés

Lavez tous les légumes. Taillez les aubergines en rondelles et les courgettes en tranches biseautées d'environ 1 cm d'épaisseur. Coupez les poivrons en quatre et ôtez les graines. Coupez la tige des tomates en veillant à garder leur pédoncule et coupez-les en deux.

Sur une grille bien chaude, au barbecue, faites griller vos légumes pour bien les marquer en cuisson. Débarrassez-les dans un grand plat supportant bien la chaleur. Salez et arrosez d'un filet d'huile d'olive.

Déposez le plat directement sur les braises et laissez-le 5 min afin de finir la cuisson.

La sauce

Pendant ce temps, à l'aide d'un mixeur plongeant ou d'une fourchette, émulsionnez les ingrédients de la sauce jusqu'à l'obtention d'une consistance crémeuse.

Dressage

Servez les légumes avec la sauce émulsionnée.

Info nutrition

Les composés aromatiques de la rose sont liés à l'amour et à l'ouverture du chakra du cœur. L'associer à un plat rend donc sa consommation bénéfique en mettant notre organisme dans les meilleures dispositions!

TOMATES CŒUR-DE-BŒUF & FLEUR DE ROSE

Pour 10 personnes – Préparation : 40 min

Cuisson : 40 à 50 min

L'eau de tomate

5 grosses tomates cœur-de-bœuf

La provençale à la rose

100 g de chapelure
10 g d'ail haché
30 g de pétales de rose hachés
30 g de cassis au vinaigre haché
20 g de moutarde forte
Sel
Poivre

La vinaigrette

1 c. à s. de moutarde à l'ancienne
50 g d'huile d'olive
1 c. à s. de vinaigre de cassis (voir p.49)
Sel
Poivre

Les tomates colorées

5 tomates cœur-de-bœuf
2 c. à s. de moutarde forte

La salade de roses

5 roses Papa Meilland non traitées (goût litchi)
100 g de cassis au vinaigre (voir p.49)

L'eau de tomate

Réalisez une eau de tomate en passant les tomates à l'extracteur. Filtrez, puis réservez.

La provençale à la rose

Dans un robot, mixez la chapelure et l'ail. Ajoutez les pétales de rose et les cassis hachés, puis, en dernier, incorporez la moutarde et 20 g d'eau de tomate. Mixez légèrement pour obtenir une consistance homogène. Assaisonnez et réservez.

La vinaigrette

Faites réduire sur feu doux 100 g d'eau de tomate jusqu'à l'obtention d'une consistance sirupeuse, puis ajoutez la moutarde à l'ancienne et mélangez. Hors du feu, montez à l'huile d'olive et rectifiez l'assaisonnement en ajoutant le vinaigre de cassis.

Les tomates colorées

Préchauffez le four à 180 °C (th. 6). Coupez chaque tomate en 4 grosses tranches. Tartinez de moutarde forte, puis recouvrez de provençale. Placez les tomates dans un plat et enfournez pour 30 à 40 min, jusqu'à légère coloration.

Salade de roses

Effeuillez les roses, puis mélangez les pétales avec quelques grains de cassis au vinaigre préalablement écrasés.

Au moment de servir, assaisonnez le tout de vinaigrette encore tiède, qui cuira légèrement les pétales. Rectifiez l'assaisonnement si nécessaire.

Dressage & finitions

Servez les tranches de tomates accompagnées de salade assaisonnée.

Info nutrition

Les mûres sont très riches en vitamine C, en potassium et en polyphénols, qui renforcent le système veineux et fluidifient le sang. Quant aux carottes, pour profiter de leur richesse en caroténoïdes aux propriétés antioxydantes, il est important de les consommer comme nous le proposons, avec de bons acides gras pour mieux les assimiler.

CAROTTES FANES & MÛRES SAUVAGES

Pour 10 personnes – Préparation : 25 min
Cuisson : 20 min

Les carottes & les mûres

10 carottes fanes orange
10 carottes fanes jaunes
10 carottes fanes blanches
10 carottes fanes pourpres
50 g de mûres sauvages fraîches
1 bâton de fenouil sec
1 gousse d'ail

La vinaigrette fanes & mûres

100 g de fanes de carotte
200 g de mûres fraîches
15 cl d'huile d'olive
Sel
Poivre

La sauce chaude

Le jus de 1 citron
Huile d'olive

Les carottes & les mûres

Triez les mûres. Préparez les carottes. Réservez les fanes, les épluchures et les mûres abîmées.

Préparez une « nage » de cuisson dans la partie basse d'un couscoussier avec les épluchures de carottes, quelques fanes, quelques mûres abîmées, et couvrez d'eau à hauteur. Déposez les carottes dans la partie haute du couscoussier, sur un lit de fanes. Réservez quelques fanes pour le service. Mettez à cuire 10 à 12 min, selon la taille des légumes.

La vinaigrette fanes & mûres

Nettoyez les fanes. Mixez-les avec les mûres. Montez la préparation à l'huile d'olive et rectifiez l'assaisonnement.

La sauce chaude

Passez le bouillon de cuisson des carottes et des mûres au chinois. Faites réduire de moitié dans une casserole. Goûtez et rectifiez l'acidité avec du jus de citron si nécessaire. Assaisonnez d'huile d'olive.

Dressage & finitions

Sur une assiette, mettez une cuillère de vinaigrette, puis disposez les carottes cuites à la vapeur par-dessus. Ajoutez quelques fanes crues assaisonnées d'huile d'olive et jus de citron. Accompagnez de sauce chaude.

Info nutrition

L'okara est traditionnellement le résidu du soja lorsqu'on fabrique du lait ou du tofu. Ncus vous proposons ici une utilisation de l'okara d'amande. Ces fibres résiduelles contiennent encore des nutriments et surtout une concentration de fibres bénéfiques, entre autres, pour la flore intestinale. Vous pourrez l'incorporer dans différentes préparations pour diminuer leur index glycémique.

FALAFELS D'OKARA, SAUCE À L'AMANDE COMPLÈTE

Pour 20 falafels – Préparation : 20 min

Cuisson : 10 min

Les falafels

260 g d'okara (voir p. 156)
300 g de pois chiches cuits
2 gousses d'ail
1 botte de persil plat
Le jus de 1 citron
80 g d'huile d'olive
1 c. à c. de fleur de sel gris
50 g de sésame blanc
50 g de sésame noir
50 g de graines de lin

La sauce à l'amande

40 g de purée d'amande complète
20 cl de crème d'amande pour cuisine
1,5 cl de jus de citron jaune
20 g d'huile d'olive
Sel

Dressage et finitions

Quelques feuilles de red chard

Les falafels

Préchauffez votre four à 180 °C (th. 6).

Dans un mixeur, placez les pois chiches, l'ail épluché, le persil équeuté, le jus de citron, le sel et l'huile d'olive. Mixez jusqu'à l'obtention d'une pâte homogène. Débarrassez-la dans un saladier, ajoutez l'okara et mélangez à nouveau.

Formez des boules de la taille d'une balle de ping-pong et enrobez-les de sésame et de lin. Vous pouvez au choix mélanger les sésames et le lin ou alterner. Puis débarrassez-les sur une plaque à pâtisserie recouverte de papier cuisson.

Enfournez les falafels pour 10 min.

La sauce à l'amande

Mixez tous les éléments quelques minutes au blender.

Dressage & finitions

Servez immédiatement les falafels chauds avec quelques feuilles de red chard et la sauce.

Info nutrition

Le chanvre est une plante d'exception, un véritable cadeau de la nature pour l'homme. Ses fibres ont de multiples usages industriels (textiles, isolation...), mais surtout, ses graines appelées chènevis sont un parfait équilibre entre protéines, glucides et lipides. Elles contiennent les 8 acides aminés essentiels à l'assimilation des protéines et une grande richesse en oméga 3. Leur petit goût sucré de noisette fraîche fait des graines décortiquées une véritable gourmandise addictive et saine!

CHANVRE DE BRETAGNE & LÉGUMES PRIMEURS

Pour 10 personnes – Préparation : 35 min

Cuisson : 20 à 25 min – Repos : 1 nuit

La boisson de chanvre

200 g de chanvre décortiqué
500 g d'eau minérale

Le chanvre gratiné

800 g de chanvre décortiqué
600 g d'eau ou de bouillon de légumes
1 oignon blanc
Sel

Les légumes

10 radis fanes
3 betteraves fanes
10 carottes fanes
1 poignée de petits pois
1 poignée de févettes
1 petit oignon rouge

Le pesto de fanes

35 g de chanvre décortiqué, non torréfié
5 g d'ail frais haché
80 g d'huile d'olive

Dressage & finitions

Fleurs au choix
Pousses au choix
Huile d'olive
Jus de citron
Sel
Poivre du moulin

La boisson de chanvre

La veille, mettez à tremper le chanvre décortiqué dans l'eau. Le jour-même, mixez le tout jusqu'à ce que le mélange soit homogène, et rectifiez l'assaisonnement.

Le chanvre gratiné

Préchauffez le four à 160 °C (th. 5-6). Faites suer l'oignon ciselé, puis ajoutez le chanvre. Assaisonnez de sel, déposez le tout dans un plat à gratin puis mouillez à hauteur avec l'eau ou le bouillon de légumes et enfournez pour 20 à 25 min.

Sortez du four lorsque le tout est bien gratiné. Réservez au chaud.

Les légumes

Lavez et épluchez tous les légumes. Réservez toutes les fanes. Coupez les légumes en fins copeaux à la mandoline et conservez-les dans de l'eau glacée pour les garder croquants.

Émincez finement l'oignon rouge. Écossez les fèves et les petits pois, gardez-les crus.

Le pesto de fanes

Mixez 50 g de fanes avec l'ail, les graines de chanvre, et montez le tout à l'huile d'olive. Assaisonnez et réservez.

Dressage & finitions

Au moment de servir, assaisonnez la garniture de légumes de sel, de poivre du moulin, d'huile d'olive et de jus de citron. Dans un bol, mettez une cuillerée de pesto de fanes, ajoutez la salade de légumes, quelques pousses et fleurs, puis ajoutez une grosse cuillerée de chanvre gratiné. Finissez par une bonne cuillère de boisson de chanvre.

Info nutrition

Le concombre est l'un des légumes les plus alcalins et est précieux pour aider votre organisme à se désacidifier. Avec la richesse en minéraux des algues, cette recette est parfaite pour préserver votre équilibre acido-basique, essentiel à une bonne santé.

CONCOMBRES & ALGUES FRAÎCHES

Pour 10 personnes – Préparation : 30 min

Cuisson : 25 min – Repos : 6 h

Le tartare d'algues

150 g de kombu frais
150 g de wakame frais
150 g de dulse fraîche
60 g d'échalotes
15 cl de vinaigre de vin
2 citrons jaunes
1 c. à s. d'huile d'olive
Le jus de 1 citron
Piment d'Espelette
Poivre

La poudre de laurier

1 botte de laurier

Les concombres

15 miniconcombres
1 filet d'huile d'olive

Dressage & finitions

30 minifleurs de concombre
1 c. à c. d'huile d'olive
1/2 c. à c. de jus de citron

Le tartare d'algues

Épluchez et ciselez les échalotes. Faites-les mariner dans le vinaigre de vin pendant une demi-journée. Égouttez.

Préchauffez le four à 220 °C (th.7-8). Baissez le four à 200 °C (th.7), enfournez les citrons jaunes entiers et laissez-les rôtir environ 25 min : ils doivent être presque brûlés. Coupez-les en deux et récupérez la pulpe, réservez.

Hachez grossièrement les algues au couteau. Assaisonnez-les avec la pulpe de citron jaune, les échalotes, le piment d'Espelette, l'huile d'olive, le poivre et le jus de citron frais, et réservez.

La poudre de laurier

Faites complètement sécher les feuilles de laurier au déshydrateur. Mixez-les finement en poudre. Réservez.

Les concombres

Coupez les miniconcombres en deux. Poêlez-les dans très peu d'huile d'olive, assez chaude, afin de colorer la surface (côté coupé) et de les tiédir en les gardant très croquants.

Dressage & finitions

Sur une assiette, disposez les concombres tièdes et tartinez-les de tartare. Ajoutez les fleurs de concombres assaisonnées d'huile d'olive et de jus de citron. Saupoudrez généreusement le tout de poudre de laurier. Disposez le tartare restant dans un bol et servez-le à part, en guise de condiment.

Astuce

Pour la poudre de laurier, vous pouvez utiliser du laurier déjà séché et le mixer pour obtenir une poudre.

Info nutrition

Les orties sont une véritable source de bienfaits ! Consommer fréquemment de l'ortie, très riche en silicium, permettrait d'avoir de beaux ongles et cheveux. Elle contient aussi d'autres minéraux, comme le calcium, le manganèse et le fer, et de la chlorophylle, qui permet d'oxygéner les cellules. Cette plante médicinale est souvent utilisée en naturopathie contre la déminéralisation, l'anémie et l'arthrose.

Les feuilles de grande berce sont utilisées contre les problèmes de peau et d'infections.

VELOUTÉ D'ORTIE, CROÛTONS DE GRAINES & HERBES CRUES

Pour 2 personnes – Préparation : 20 min

Cuisson : 20 min – Repos : 24 h

Le velouté d'ortie

1 gros bouquet de sommités d'orties

1 courgette

1 oignon

1 c. à s. de tamari ou sauce soja

Les feuilles de 3 belles tiges de grande berce (facultatif)

Crème fraîche ou crème de coco

Sel complet

Poivre

Les croûtons crus

1 branche de romarin

140 g de graines de tournesol trempées

1 cl d'eau

25 g d'huile d'olive

1 c. à s. de jus de citron

20 g de flocons de sarrasin

2 g de fleur de sel

Les croûtons crus

La veille, mélangez tous les ingrédients dans un robot et mixez jusqu'à l'obtention d'une consistance lisse.

Étalez le mélange sur une feuille de papier cuisson, sur une épaisseur de quelques millimètres, et déshydratez-le pendant 24 h à 50 °C ou jusqu'à ce qu'il soit croustillant (en retournant sur la feuille de papier cuisson à mi-chemin de la déshydratation).

Le velouté d'ortie

Le jour même, placez tous les ingrédients sauf la crème dans une casserole. Couvrez à mi-hauteur et faites cuire 20 min, puis mixez jusqu'à l'obtention d'une consistance crémeuse.

Dressage & finitions

Servez le velouté avec 1 bonne c. à c. de crème fraîche ou de crème de coco pour varier les goûts. Ajoutez des brisures de croûtons crus.

Conseil

Si vous cueillez vos orties vous-même, évitez les bords de routes (pollution) et de chemins (risques d'urine de renard). Choisissez des plants hauts et récupérez les sommités de l'ortie, la partie supérieure. S'il y a des graines, c'est encore mieux : elles sont extrêmement riches en silicium.

Info nutrition

L'avoine est particulièrement saine par sa capacité à moduler la glycémie de l'organisme, évitant ainsi les fringales et les pertes d'énergie. Elle a un fort pouvoir satiétogène, qui en fait l'alliée idéale des petits déjeuners et des snacks.

FRUITS D'ÉTÉ AU BARBECUE, GLACE À L'AVOINE

Pour 4 personnes – Préparation : 25 min

Cuisson : 30 min – Repos : 12 h (glace)

La glace à l'avoine

100 g de noix de cajou
50 g de flocons d'avoine
170 g de sirop d'agave
30 cl de boisson végétale d'avoine
6 cl d'huile de coco
4 pincées de sel

Les fruits rôtis

4 pêches
6 abricots
6 figues
300 g de cerises
1 branche de romarin
3 branches de lavande

La glace à l'avoine

Préparez la glace au minimum la veille. Faites tremper les noix de cajou 1 à 2 h dans de l'eau, puis égouttez-les. Mélangez tous les ingrédients dans un mixeur jusqu'à l'obtention d'un mélange lisse et homogène. Placez dans une sorbetière. Une fois la glace bien prise, réservez-la au congélateur jusqu'au moment du service.

Les fruits rôtis

Taillez les pêches en quartiers. Coupez les abricots et les figues en deux. Coupez les cerises en deux et dénoyautez-les.

Faites griller tous vos fruits sauf les cerises sur la grille bien chaude du barbecue. Ils doivent légèrement colorer. Débarrassez-les dans un grand plat en terre supportant bien la chaleur, en les disposant joliment. Ajoutez les cerises, la branche de romarin et la lavande. Couvrez votre plat avec un couvercle ou, à défaut, du papier cuisson, et placez le tout sur les braises pour environ 8 min.

Dressage

Servez le plat directement sur la table, accompagné de la glace à l'avoine.

Info nutrition

Le pollen, un autre précieux cadeau de nos amies les abeilles, est l'un de mes super-aliments favoris, à consommer impérativement frais (au rayon surgelés des magasins bio). Sa texture duveteuse incomparable et sa saveur miellée avec des nuances en fonction des fleurs butinées sont un véritable délice. Ses vertus sont multiples et différentes selon les fleurs, mais elles sont globalement bénéfiques pour la flore intestinale et le système nerveux grâce à sa richesse en vitamines du groupe B.

FRAISES, CÉRÉALES, POLLEN

Pour 4 personnes – Préparation : 40 min

Cuisson : 22 min

La vinaigrette de fraise

250 g de fraises (les moins belles)
Le jus de 1 citron jaune
Huile d'olive

Les céréales caramélisées

50 g d'eau
50 g de miel
150 g de céréales et graines mélangées (orge, avoine, tournesol, courge, kasha)

La garniture

750 g de fraises fraîches
4 c. à c. de pollen frais
Quelques pousses de basilic (selon votre goût)
Quelques branches de thym (selon votre goût)
Le zeste de 1 citron jaune
Le zeste de 1 citron vert
Fleur de sel
Poivre du moulin

La vinaigrette de fraise

Passez les fraises à l'extracteur. Assaisonnez le jus de fraises avec du jus de citron et montez-le à l'huile d'olive dans un cul-de-poule, de préférence sur un lit de glace. Réservez.

Les céréales caramélisées

Préchauffez le four à 160 °C (th. 5-6). Portez l'eau et le miel à ébullition. Laissez refroidir totalement. Torréfiez les céréales 10 min au four, puis laissez-les refroidir également.

Mélangez les céréales et le sirop. Augmentez le four à 180 °C (th. 6). Placez le mélange de céréales sur une plaque couverte d'une toile Silpat® et faites cuire 12 min en brassant régulièrement avec une spatule.

Débarrassez et mélangez pour bien détacher les céréales. Conservez dans un endroit sec.

La garniture

Taillez les fraises en deux ou en quatre selon leur taille. Placez-les dans un cul-de-poule, ajoutez la vinaigrette et assaisonnez de fleur de sel, de poivre du moulin, du zeste des citrons, de pousses de basilic et de thym. Le mélange doit être très frais.

Dressage & finitions

Dressez les fraises dans des bols individuels, puis ajoutez les céréales torréfiées ainsi que le pollen.

Servez la vinaigrette restante à côté.

Info nutrition

Le kombucha est un microcosme de levures et de bactéries bénéfiques pour les intestins. Il se développe dans un liquide sucré, originellement du thé, car d'origine mongole; c'est la boisson la plus consommée dans ces contrées. Achetée dans le commerce, il faut bien s'assurer que la boisson kombucha est non pasteurisée et sans ajout de conservateurs ou d'additifs divers qui supprimeraient les éléments vivants de la boisson, qui lui confèrent son intérêt.

KOMBUCHA GLACÉ AUX FRUITS ROUGES

Pour 8 esquimaux – Préparation : 5 min

Repos : 4 h minimum

30 cl de kombucha
(nature ou au gingembre)

8 fraises

100 g de myrtilles

100 g de framboises

Coupez les fraises en deux.

Dans des moules à esquimaux, disposez les fruits rouges, puis remplissez vos moules aux $4/5^{es}$ de kombucha. N'oubliez pas d'y placer un bâtonnet en bois.

Laissez prendre au moins 4 h ou toute une nuit au réfrigérateur, puis démoulez au moment de déguster.

Astuce

Pour éviter que les fruits flottent, vous pouvez les empiler dans le moule et les bloquer avec le bâtonnet.

Info nutrition

J'aime particulièrement la mélisse, cette plante au délicat parfum citronné, modeste et souvent peu considérée. Elle a pourtant des vertus digestives et plus particulièrement antispasmodiques ; elle est bénéfique contre les maux d'estomac et les règles douloureuses.

PÊCHES JAUNES, LECHE DE TIGRE D'HERBES FRAÎCHES

Pour 4 personnes – Préparation : 15 min

Cuisson : 35 à 40 min – Repos : 1 h

Les pêches rôties

4 pêches bien mûres
1 c. à s. de miel de tournesol

Le leche de tigre d'herbes

50 g de céleri branche
10 g de mélisse
10 g de menthe
25 g de jus de citron jaune
50 g d'eau
100 g de glace pilée
10 g de gingembre frais
10 g de miel de tournesol
Piment, selon votre goût
Poivre

Les pêches rôties au miel

Préchauffez le four à 160 °C (th. 5-6). Incisez d'une croix la surface des pêches. Roulez-les dans le miel et enfournez dans un plat à four chaud pour 35 à 40 min. Laissez reposer et pelez les fruits lorsqu'ils ont refroidi.

Le leche de tigre d'herbes

Mélangez tous les ingrédients dans un blender à la vitesse maximale jusqu'à ce que le jus d'herbes soit bien lisse. Goûtez et ajustez l'assaisonnement si nécessaire. Placez pour 1 h au frais.

Dressage & finitions

Dressez une pêche pelée chaude (avec le noyau) dans chaque assiette, puis servez le leche de tigre végétal bien glacé.

AU

-TO-MNE

Info nutrition

Le cresson est riche en divers antioxydants ; on retiendra la lutéine et la zéaxanthine, deux pigments indispensables à la bonne santé des yeux. On notera également que le cresson cru contient des substances bénéfiques pour la flore intestinale lorsqu'elles sont correctement mastiquées ! Le pesto de cresson est donc une solution idéale pour les mâcheurs paresseux.

PESTO DE CRESSON, GRAINES DE COURGE & CITRONS CONFITS

Pour un gros pot – Préparation : 20 min

Repos : 3 semaines pour les citrons

Les citrons beldi confits

4 petits citrons bio

1/2 l d'eau

30 g de gingembre
ou de curcuma frais

150 g de gros sel

Le pesto de cresson

2 bottes de cresson

2 gousses d'ail

2 citrons beldi confits
80 g de graines de courge, légèrement torréfiées

25 cl d'huile d'olive

4 belles pincées de fleur de sel

Les citrons beldi confits

Lavez les citrons. Épluchez et coupez finement le gingembre ou le curcuma. Entaillez les citrons de grandes croix assez profondes. Garnissez-les de la moitié du sel et de gingembre. Placez-les dans les bocaux bien propres.

Faites bouillir le reste du sel avec l'eau. Versez dans les bocaux pour couvrir les citrons.

Fermez bien et laissez confire au moins 3 semaines à l'abri de la lumière et de la chaleur en veillant à ce que les citrons soient bien immergés.

Le pesto de cresson

Lavez et équeutez le cresson. Épluchez et dégermez l'ail.

Coupez les citrons en quatre et débarrassez-les de leur chair. Émincez légèrement l'écorce confite.

Placez l'ail, le cresson et l'écorce de citron dans un mortier avec les graines de courge, la fleur de sel et un tiers de l'huile d'olive. Commencez à écraser à l'aide du pilon, puis incorporez le reste de l'huile au fur et à mesure. Pilez jusqu'à l'obtention d'un mélange bien lié.

Transférez le pesto dans un gros pot à confiture. Veillez à verser un peu d'huile d'olive pure sur le dessus afin de le conserver au mieux. Il se garde 2 semaines au réfrigérateur.

Info nutrition

La betterave contient un cocktail de nutriments bénéfiques pour l'organisme et plus particulièrement pour le sang. Celui-ci est considéré dans la médecine traditionnelle chinoise comme un organe à part entière. Choyez votre organisme avec des cures de betterave car elle permet la bonne circulation des nutriments et de l'oxygène ainsi que l'élimination des déchets.

CONDIMENT DE BETTERAVE & CHIA

Pour 500 g – Préparation : 35 min

Cuisson : 1h10 min – Repos : 30 min

Le vin de betterave

1 kg de betterave rouge
1 l de vin rouge

Le vinaigre de betterave

1 betterave
750 g de vinaigre de vin vieux
250 g de pulpe de betterave (1 grosse pièce)

L'amarante à la betterave

75 g d'amarante
200 g de vin de betterave

Le chia à la betterave

125 g de chia

Le condiment

50 g de vinaigre de betterave
10 g de jus de citron
Sel
Poivre

Le vin de betterave

Passez les betteraves à la centrifugeuse. Récupérez le jus et la pulpe. Portez à ébullition le vin mélangé avec le jus en comptant ¼ de jus pour ¾ de vin. Placez la pulpe dans des bocaux et versez dessus la préparation au vin. Fermez les bocaux et réservez.

Le vinaigre de betterave

Préchauffez le four à 85 °C (th. 3). Coupez la betterave en gros morceaux et placez-la dans un bocal. Ajoutez la pulpe de la betterave extractée et versez le vinaigre de vin. Enfournez au bain-marie pendant 1 h. Réservez.

L'amarante à la betterave

Faites souffler l'amarante dans une casserole à feu vif et à couvert. Débarrassez dans une casserole, versez 200 g de vin de betterave et laissez gonfler 30 min. Égouttez.

Le chia à la betterave

Dans une grande sauteuse, faites cuire 10 min le chia avec 25 g de vin de betterave. Couvrez et laissez reposer hors du feu jusqu'à l'absorption complète du liquide.

Le condiment

Réunissez l'amarante et le chia dans une sauteuse. Assaisonnez avec le jus de citron, le vinaigre, le sel et le poivre.

Info nutrition

Le coing est l'un des fruits les plus riches en pectine, laquelle a la propriété de former un gel en emprisonnant l'eau. Cette particularité, associée aux tanins qu'il contient, fait du coing un protecteur de nos intestins.

MOUTARDE DE COING

Pour 1 bocal de 1 l – Préparation : 40 min

Cuisson : 35 à 40 min – Repos : 30 min

1 kg de coings
70 g de graines de moutarde
50 g de moutarde forte
Le jus de 1 citron

Épluchez les coings, puis évidez-les en prenant soin de réserver les parures et les pépins. Coupez leur chair en brunoise et laissez-la s'oxyder à l'air libre pendant 30 min. Le fruit va devenir marron et prendre un goût plus prononcé.

Pendant ce temps, déposez les parures dans une casserole, mouillez à hauteur, portez à ébullition et laissez cuire à feu doux pendant 15 min. Filtrez et réservez.

Dans une casserole, toastez les graines de moutarde jusqu'à ce qu'elles deviennent marron-gris et explosent comme du pop-corn. Ajoutez la brunoise de coing et mouillez avec le « bouillon » de parures de coings.
Laissez cuire à couvert 20 à 25 min, jusqu'à ce que le coing soit fondant, puis mixez à l'aide d'un robot puissant ou d'un mixeur plongeant jusqu'à ce que la préparation soit lisse.
Débarrassez dans un récipient, puis ajoutez la moutarde forte et le jus de citron. Mélangez bien.

Conservez dans un bocal hermétique au frais pendant 1 à 2 semaines maximum.

Dégustez avec une viande blanche, de jeunes légumes crus ou simplement sur des toasts.

Variante

Vous pouvez remplacer les coings par d'autres fruits ou légumes légèrement sucrés, comme la betterave ou la carotte.

Info nutrition

Cette recette est un concentré de saveurs douces et réconfortantes, parfaites pour apporter une belle énergie à l'automne et pour nourrir la rate, un organe clef, d'après la médecine traditionnelle chinoise, pour gérer les changements de saison.

LATTE DE POTIRON

Pour environ 2 l – Préparation : 10 min

Cuisson : 30 min – Repos : 30 min

750 g de potiron
1 l de lait d'amande, non sucré
2 bâtons de cannelle
2 étoiles de badiane
1 gousse de vanille
2 clous de girofle
30 g de sucre muscovado
(ou miel, ou sucre de coco, etc.)

Épluchez le potiron. Coupez-le en gros morceaux et faites-le cuire à la vapeur douce jusqu'à ce qu'il soit fondant.

Pendant ce temps, versez le lait d'amande dans une casserole avec la cannelle, les étoiles de badiane, les clous de girofle, la gousse de vanille fendue en deux et le sucre muscovado. Faites chauffer le tout légèrement, sans porter à ébullition, et laissez infuser au minimum 30 min.

Dans un blender, placez le potiron cuit et refroidi, ainsi que le lait d'amande filtré. Mixez 1 bonne minute afin d'obtenir un mélange très homogène.

Servez cette délicieuse boisson bien chaude ou bien froide, selon votre préférence.

Info nutrition

Les endives aident à drainer le foie et sont riches en vitamine B9. La sauce crémeuse, qui contient des noix de cajou et de l'amande, apporte des oméga 3 et du calcium.

SALADE D'ENDIVES ROUGES, SAUCE CRÉMEUSE AIGRE-DOUCE

Pour 4 personnes – Préparation : 20 min

La salade

- 2 petites endives rouges ou carmines
- 1/5 de radis noir
- 1 petite pomme ou poire
- 1 c. à s. de pistaches torréfiées
- 1 filet de jus de citron

La sauce crémeuse

- 20g de noix de cajou idéalement prégermées, trempées et égouttées
- 1 c. à s. de purée d'amande complète
- 2 c. à s. de tamari ou sauce soja
- 1 c. à s. d'huile de sésame grillé
- 1 c. à s. de sirop d'érable
- 2 c. à s. de jus de citron
- 2 pincées de piment d'Espelette

La sauce crémeuse

Mixez tous les ingrédients dans un blender jusqu'à l'obtention d'une pâte lisse. Réservez.

La salade

Ôtez les premières feuilles des endives et défaites-les feuille par feuille jusqu'au centre. Coupez le cœur en quatre dans la longueur. Placez les endives dans un saladier.

Détaillez de fines lamelles de radis noir et de pomme au couteau ou à la mandoline. Ajoutez aux endives un filet de jus de citron.

Torréfiez les pistaches dans une poêle sur feu moyen, en remuant et en surveillant. Une fois dorées, réservez.

Dressage & finitions

Nappez de sauce le fond de chaque assiette en l'étalant pour créer la base. Disposez harmonieusement la salade. Parsemez de pistaches grillées, râpées ou grossièrement concassées au couteau.

Info nutrition

Le quinoa, cette petite céréale qui est en réalité une plante, est une alternative idéale au blé. Riche en fer, en manganèse, en zinc et en protéines végétales de bonne qualité (15%), elle se suffit à elle seule!

QUINOA CROUSTILLANT, CHAMPIGNONS & CASSIS

Pour 10 personnes – Préparation : 25 min

Cuisson : 30 min – Repos : 4 h

Le quinoa

500 g de quinoa
100 g d'oignon blanc
20 g d'ail
1 noix de beurre

La garniture

40 g de feuilles de cassis
150 g de girolles ou autres champignons de saison
100 g de baies de cassis au vinaigre (voir p. 49)
10 g d'ail
Huile de coco
Sel
Poivre

La cuisson du quinoa croustillant

Faites tremper le quinoa dans un grand volume d'eau pendant 4 h. Égouttez-le, puis faites-le ensuite cuire très fondant pendant 11 à 12 min dans l'eau bouillante non salée. Égouttez-le et laissez les germes apparaître.

Préchauffez le four à 180 °C (th. 6). Faites chauffer une poêle avec du beurre, l'oignon ciselé et l'ail haché. Faites-y sauter le quinoa jusqu'à ce qu'il se colore légèrement.

Débarrassez dans un plat creux et mouillez légèrement avec un peu d'eau de trempage. Enfournez pour 15 min.

La garniture

Taillez les feuilles de cassis en brunoise. Faites sauter rapidement les champignons à l'huile de coco. Ajoutez l'ail, les feuilles de cassis et les baies de cassis au vinaigre. Rectifiez l'assaisonnement.

Dressage

Servez le quinoa dans un plat avec sa garniture.

Info nutrition

Les jolis bulbes de fenouil au goût anisé sont riches en vitamine C et en antioxydants. Ils possèdent également des vertus digestives idéales pour soulager les intestins sujets à l'aérophagie. Le fenouil favorise aussi la lactation, tout en enrichissant le lait maternel de molécules qui apaisent les intestins de bébé.

SALADE DE FENOUIL

Pour 4 personnes

Préparation : 20 min

2 petits bulbes de fenouil

1 petite grappe de raisin noir

Le jus de 1 citron vert (facultatif)

4 c. à s. de pesto de cresson (voir p. 82)

1 morceau de parmesan
ou quelques tranches de parmesan végétal (voir p. 156)

À l'aide d'une mandoline, émincez très finement le fenouil et le parmesan. Coupez finement les grains de raisin noir au couteau.

Disposez tous les ingrédients dans un saladier, versez le jus de citron vert et mélangez.

Au dernier moment, dressez dans les assiettes une cuillerée de pesto que vous étirerez en l'écrasant avec le dos de la cuillère. Déposez la salade dessus et servez en entrée.

Info nutrition

L'odeur caractéristique de la coriandre est une véritable invitation au voyage. Ses feuilles contiennent des molécules aromatiques relaxantes et apaisantes pour l'estomac. C'est la compagne idéale des déjeuners d'affaires stressants!

AUBERGINES VIOLETTES, POIRES, CONDIMENT MISO

Pour 10 personnes – Préparation : 35 min

Cuisson : 10 min

La vinaigrette au curcuma

- 10 cl d'huile d'olive
- 5 cl de jus de citron
- 1 morceau de curcuma frais, râpé ou en poudre
- 1 pincée de piment d'Espelette

Les brochettes

- 3 aubergines violettes
- 5 poires mûres

La salade de poire

- 300 g de poires non mûres
- 100 g de coriandre

Le condiment miso

- 300 g de parures de poires mûres
- 100 g de miso blanc
- 10 g de jus de citron
- 15 cl d'huile d'olive
- 1 pincée de piment d'Espelette

La vinaigrette au curcuma

Mélangez le jus de citron avec le curcuma et le piment d'Espelette. Émulsionnez à l'huile d'olive.

Les brochettes

Pelez les poires et réservez les parures. Taillez les aubergines et les poires en gros cubes. Réalisez des brochettes en alternant poires et aubergines. Comptez 2 pièces de chaque par brochette.

Badigeonnez les brochettes de vinaigrette et mettez-les à cuire sur le gril bien chaud pour les marquer des 2 côtés.

La salade de poire

À l'aide d'une mandoline, réalisez une julienne de poire, ajoutez la coriandre ciselée et assaisonnez avec la vinaigrette au curcuma restante. Râpez un peu de curcuma sur la salade.

Le condiment miso

Mixez au Thermomix® ou au blender les parures de poires, le miso blanc, le jus de citron et l'huile d'olive. Ajoutez le piment d'Espelette à la fin.

Dressage & finitions

Servez les brochettes dans un plat, avec la salade et le condiment miso à part.

Info nutrition

Le céleri-rave est l'allié des femmes ! En effet, il est une bonne source de vitamine B6 qui aide a réduire les nausées en début de grossesse, et à prévenir des syndromes prémenstruels.

Les cacahuètes, quant à elles, contiennent des minéraux comme le zinc, le magnésium et le phosphore : en consommer régulièrement permet d'éviter les carences.

CÉLERI-RAVE À LA CUILLÈRE, CONDIMENT CACAHUÈTE

Pour 10 personnes – Préparation : 30 min

Cuisson : 50 min à 1 h

Les céleris-raves

5 petits céleris-raves
140 g de cacahuètes avec leur peau
200 g de gros sel
350 g d'eau
400 g de farine
1 jaune d'œuf (facultatif)

Le condiment cacahuète

200 g de cacahuètes décortiquées
20 g de blanc d'œuf
5 g de paprika
1 pincée de piment sec
8 g de fleur de sel
200 g de lait de coco
10 g de jus de citron
Sel
Poivre

Dressage et finitions

Quelques feuilles de coriandre

Les céleris-raves

Préchauffez le four à 160 °C (th. 5-6).

Ôtez la peau des cacahuètes. Mixez les cacahuètes avec le gros sel, l'eau et la farine. Pelez les céleris et enrobez-les de cette pâte. Dorez-les au jaune d'œuf si vous souhaitez qu'ils soient bien brillants et faites-les cuire dans leur croûte de sel au four pendant 40 min à 1 h. Réservez. N'éteignez pas le four.

Le condiment cacahuète

Mélangez les cacahuètes avec le blanc d'œuf, le paprika, le piment sec et la fleur de sel, puis enfournez sur une plaque recouverte de papier cuisson pour 10 à 15 min, jusqu'à l'obtention d'une coloration blonde.

À la sortie du four, réservez quelques cacahuètes pour le dressage, puis mixez le reste avec le lait de coco et le jus de citron jusqu'à l'obtention d'une pâte. Salez et poivrez si nécessaire.

Dressage & finitions

Coupez la tête des céleris cuits, puis déposez-les sur un plat à partager.

Dressez une cuillerée de chair de céleri avec une cuillerée de condiment cacahuète et parsemez de cacahuètes concassées et de quelques feuilles de coriandre.

Info nutrition

Les champignons, cette espèce fascinante et à part, apportent plus de protéines que la plupart des végétaux ; ils sont donc très intéressants dans les régimes à tendance végétarienne.
Ils contiennent des vitamines du groupe B, indiquées pour l'équilibre du système nerveux, et du sélénium, un antioxydant puissant, indispensable notamment au bon fonctionnement de la thyroïde.

COURGES FARCIES AUX CÈPES, ARTICHAUTS & MARRONS

Pour 6 personnes – Préparation : 35 min

Cuisson : 1 h 30

Les courges

6 minicourges au choix (jack-be-little, petits potimarrons, courges olives, etc.)

1 filet d'huile d'olive

Sel

Poivre

La farce

3 artichauts camus

200 g de cèpes

1 botte de persil

2 gousses d'ail

100 g de cerneaux de noix

200 g de marrons cuits

200 g d'oignons

Huile d'olive

Fleur de sel

Poivre

Les courges

Préchauffez le four à 170 °C (th. 6). Coupez le haut des courges, puis videz-les. Versez un filet d'huile d'olive dans chacune. Ajoutez une pincée de sel et de poivre, et enfournez pour 15 min afin de les précuire.

La farce

Faites cuire les artichauts à la vapeur pendant 30 min. Puis ôtez les feuilles et le foin. Ne gardez que les cœurs.

Ciselez les oignons. Lavez et taillez en brunoise les cèpes. Hachez finement le persil et l'ail. Concassez grossièrement les noix, émiettez les marrons et taillez les cœurs d'artichauts en brunoise.

Faites revenir les oignons dans l'huile d'olive environ 10 min à feu doux. Une fois qu'ils sont fondants, ajoutez la brunoise de cèpes, puis l'ail et le persil hachés. Faites cuire le tout 5 min à feu très vif et débarrassez dans un cul-de-poule. Ajoutez les artichauts, les marrons émiettés et les noix. Rectifiez l'assaisonnement si nécessaire.

Dressage & finitions

Garnissez les courges de farce et repassez-les au four à 180 °C (th. 6) 10 min avant de servir.

Suggestion

Servez avec une salade, et assaisonnez d'un filet d'huile d'olive et d'une pincée de gomasio (voir p. 13).

Info nutrition

Les blettes, de la famille de la betterave, sont riches en nutriments et particulièrement en fer. En mangeant les feuilles et les côtes, nous disposons d'une variété de vitamines intéressantes, et leur richesse en fibres favorise un transit harmonieux.

BLETTES GRATINÉES AU MIEL D'ARBOUSIER & FEUILLES EN JUS FRAIS

Pour 10 personnes – Préparation : 30 min

Cuisson : 25 min

Les blettes

3 kg de blettes
30 cl d'huile d'olive

La sauce

90 g de miel d'arbousier avec cire
25 g de lait de soja
25 cl d'huile de pépins de raisin

La boisson feuilles

10 cl de jus de citron
20 cl d'huile d'olive

Finitions

50 g de pollen frais
10 c. à c. de miel avec cire
1 trait de jus de citron
Quelques pousses de blettes

Le jus de blette

Épluchez les blettes : séparez les verts des côtes, puis parez les côtes. Passez les verts à l'extracteur et réservez au frais pour la boisson. Passez ensuite les parures des côtes à l'extracteur et réservez pour cuire les blettes.

Les glaçons de miel

Congelez de gros morceaux de miel en rayon afin d'obtenir des glaçons.

La boisson feuilles

Mélangez les ingrédients avec 50 cl de jus de vert de blette. Réservez au frais.

La sauce

Dans un saladier, mélangez le miel et le lait de soja. Montez à l'huile de pépins de raisin jusqu'à l'obtention d'une sauce à la texture de mayonnaise.

Les côtes de blettes

Préchauffez le four à 190 °C (th. 6-7). Dans un plat pouvant aller sur le feu, faites revenir les côtes de blettes à l'huile d'olive. Déglacez au jus de côte de blettes extrait. Laissez cuire jusqu'à ce que les côtes soient fondantes.

Badigeonnez-les de sauce à l'aide d'un pinceau et faites gratiner au four pendant 10 min pour colorer. 3 min avant la fin, répartissez les côtes de blettes sur le plat.

Dressage & finitions

À la sortie du four, ajoutez du pollen frais et quelques pousses de blettes. Servez la boisson feuilles bien fraîche avec les glaçons de miel et un trait de jus de citron.

Info nutrition

Le chia est une graine minuscule dotée d'une capacité mucilagineuse exceptionnelle, de presque 10 fois son poids (elle sécrète un gel visqueux au contact de l'eau). Elle est riche en oméga 3 et en protéines végétales de très bonne qualité.

Elles possèdent une bonne teneur en vitamine C et en bêtacarotène. Leur acidité est sans doute l'indice de qualités digestives.

PUDDING DE CHIA AU CHANVRE

Pour 6 personnes – Préparation : 30 min

& SALADE DE FRUITS CRUS

Cuisson : 20 min – Repos : 1 h

La boisson de chanvre

100 g de graines de chanvre décortiquées

1 pincée de sel gris

Les graines de 1/2 gousse de vanille (facultatif)

2 c. à c. d'un sucrant naturel (miel, 1 datte medjool, etc.) (facultatif)

Le pudding

5 c. à s. de graines de chia (ou 50 g)

1 c. à s. de miel d'acacia

2 bananes

Sel

La crème caramel chaï

2 bâtons de cannelle (ou 1 c. à c. en poudre)

3 étoiles de badiane

2 pincées de poivre écrasé

1 morceau de gingembre de 3 cm, en tranches

3 c. à s. de miel d'acacia (ou de sirop d'agave ou d'érable)

La salade de fruits & oxalis

120 g de myrtilles ou de groseilles

1/2 poire

Le jus de 1 citron

Quelques feuilles d'oxalis fraîches (ou autres herbes fraîches : menthe, basilic, shiso, etc.)

La boisson de chanvre

Mixez tous les ingrédients dans un mixeur puissant avec 50 cl d'eau au moins 1 min. Réservez-en 3 c. à s. pour la crème caramel chaï.

Conseils

Pour une consistance plus homogène, filtrez la boisson dans un tissu étamine.

Vous pouvez utiliser une autre boisson végétale si vous le souhaitez.

Le pudding

Mixez 50 cl de boisson de chanvre avec le miel, la banane, et le sel.

Versez dans un saladier, ajoutez les graines de chia et laissez gonfler au moins 1 h à température ambiante, bien couvert d'un tissu. Réservez au frais.

La crème caramel chaï

Dans une petite casserole, laissez infuser une vingtaine de minutes à feu doux tous les ingrédients. Portez à ébullition, versez 3 c. à s. de boisson de chanvre, mélangez bien, filtrez et réservez.

La salade de fruits & oxalis

Lavez les myrtilles ou les groseilles et coupez-les en deux. Épluchez la poire et coupez la chair en petits dés. Ajoutez le jus de citron. Mélangez dans un saladier avec les feuilles d'oxalis.

Dressage & finitions

Dressez dans des petits bols le pudding de chia crémeux, disposez dessus la salade de fruits en demi-lune et ajoutez la crème caramel.

Info nutrition

La noix de coco est riche en acides gras à chaîne moyenne; ces corps gras ont la particularité de fournir à l'organisme une énergie très rapidement disponible, en particulier pour le cœur, les muscles et le cerveau.. Elle est très intéressante pour nourrir ce dernier et le préserver.

NUDE CAKE POIRE, CARDAMOME, COCO

Pour 15-18 personnes – Préparation : 1h

Cuisson : 2h – Repos : 1 à 2h

Les poires caramélisées

30 g d'huile de coco

7 poires bien fermes

La génoise

370 g de farine de riz

380 g de farine de sarrasin

375 g de fécule de tapioca ou de maïs

50 g de bicarbonate de soude

900 g de sucre complet

4 g de cardamome en poudre

75 cl d'eau

375 g de crème d'amande cuisine

10 c. à s. de vinaigre de cidre bio

37,5 cl d'aquafaba (eau de cuisson des pois chiches réduite de moitié ou eau de bocaux de pois chiche)

La chantilly

1 l de crème de coco à 35 % de MG minimum, placée 1 nuit au frais

100 g de sucre blond

Les poires caramélisées

Épluchez les poires, coupez-les en quatre, puis en tranches d'environ 5 mm d'épaisseur.

Dans une grande poêle, faites chauffer l'huile de coco, ajoutez les tranches de poire et faites-les rapidement colorer afin de les précuire et de les caraméliser légèrement. Réservez.

Astuce

Réalisez cette étape en plusieurs fois si la poêle n'est pas assez grande.

La génoise

Préchauffez le four à 180 °C (th. 6). Dans un grand saladier, mélangez tous les éléments secs : farines, fécule, bicarbonate, sucre et cardamome. Ajoutez ensuite l'eau, la crème d'amande et le vinaigre de cidre. Mélangez bien le tout et réservez.

Placez l'aquafaba dans le bol d'un robot pâtissier et montez en neige très ferme. Cela peut prendre un peu de temps. Incorporez l'aquafaba montée à la préparation précédente, très délicatement et en plusieurs fois.

Graissez 3 grands cercles à entremets de 25 cm de diamètre. Dans l'un des cercles, réalisez une rosace avec une partie des poires, cela sera le dessus du gâteau. Répartissez la préparation dans les cercles : 1/5e dans le cercle avec les poires, 2/5e dans le deuxième cercle, 2/5e dans le dernier cercle.

Enfournez les génoises sur une plaque recouverte de papier cuisson, environ 30 min pour les deux plus épaisses, 20 min pour la plus fine aux poires.

Laissez bien refroidir et placez pour 1 à 2 h au frais.

La chantilly

Récupérez la crème de coco en suspension qui se sera formée au réfrigérateur.

Placez-la dans la cuve d'un robot pâtissier, préalablement placé au frais, puis fouettez jusqu'à l'obtention d'un mélange mousseux. Ajoutez le sucre afin de serrer la crème, comme pour une chantilly classique. Transférez dans une poche à douille et réservez au frais.

Suggestion

Gardez l'eau de coco pour une autre préparation ou buvez-la avec un jus de citron vert et quelques feuilles de basilic.

Dressage & finitions

Coupez en deux les deux grosses génoises dans l'épaisseur. Prenez une première tranche comme base, répartissez ¼ des tranches de poire, puis ¼ de la chantilly de coco, en veillant à faire des bords bien nets. Répétez cette opération 3 fois. Pour finir, recouvrez le tout de la génoise aux poires, en veillant à bien placer la rosace de fruits vers le haut.

Décorez et servez immédiatement ou réservez au frais.

Info nutrition

En plus d'être riche en vitamine A, qui stimule le système immunitaire, le maïs protège nos yeux ! Il est riche en antioxydants de la famille des caroténoïdes (zéaxanthine, lutéines), qui protègent la rétine et préviennent la dégénérescence maculaire.

JEUNE MAÏS, POMMES DES VERGERS

Pour 4 personnes – Préparation : 35 min

Cuisson : 40 à 45 min

La crème de maïs

2 épis de maïs frais
250 g de lait
100 g de crème fraîche liquide

La garniture

4 petites pommes fermes
50 g de pop-corn soufflé, non sucré
40 g de beurre
15 g de miel

Le pop-corn caramélisé

40 g de pop-corn
60 g de miel

La salade de maïs

1 épi de maïs frais
1 poignée de pop-corn
1 pincée de piment d'Espelette
Le zeste et le jus de 1 citron vert
Huile d'olive

La crème de maïs

Détachez les grains de maïs au couteau. Mixez-les avec le lait au Thermomix® ou au blender pendant 5 min. Passez au chinois. Versez dans une casserole, ajoutez la crème et portez à ébullition. Faites cuire le tout jusqu'à épaississement. Mixez, filmez au contact, puis conservez au frais.

La garniture

Préchauffez le four à 160 °C (th. 5-6). Pelez et évidez les pommes. Faites fondre le beurre avec le miel dans une sauteuse. Faites rôtir les pommes en les enrobant bien pendant 5 à 8 min.

Garnissez de pop-corn le fond d'une cocotte et déposez-y les pommes rôties.

Fermez la cocotte et enfournez pour 25 à 30 min.

Le pop-corn caramélisé

Réalisez un caramel en faisant réduire le miel. Quand il devient brun, faites-le décuire avec un peu d'eau tiède. Laissez réduire 1 min, ajoutez les pop-corn, mélangez, puis débarrassez.

La salade de maïs

Égrainez l'épi de maïs et mélangez tous les ingrédients.

Dressage

Servez tous les éléments séparément.

Info nutrition

L'avocat est riche en acides gras mono-insaturés, en antioxydants (proanthocyanidine) et en phytostérols : le trio gagnant pour favoriser la fabrication du « bon » cholestérol et préserver la santé cardio-vasculaire. En cas de pépin cardiaque, appelez un avocat!

AVOCAT & KIWI

Pour 4 personnes – Préparation : 15 min

Cuisson : 5 min

Le condiment

2 kiwis bien mûrs

1/2 avocat bien mûr

15 g de jus de citron jaune

La vinaigrette à la mélisse

Le zeste et le jus de 1/2 citron vert

15 g de miel

40 g d'huile d'olive

2 feuilles de mélisse émincées

Piment d'Espelette

La garniture kiwi & avocat

2 kiwis bien mûrs

1 avocat ferme

Le condiment

Pelez les kiwis, puis écrasez-les à la fourchette. Ajoutez la chair d'avocat écrasée et le jus de citron. Réservez.

La vinaigrette à la mélisse

Mélangez le zeste et le jus de citron vert avec le miel, la mélisse et une pincée de piment d'Espelette. Émulsionnez à l'huile d'olive.

La garniture kiwi & avocat

Pelez les kiwis et taillez-les en gros morceaux. Assaisonnez avec la vinaigrette.

Taillez l'avocat ferme en quartiers. Grillez-les quelques minutes à la poêle pour les marquer et badigeonnez de vinaigrette.

Dressage & finitions

Dans chaque bol, mettez une généreuse cuillerée de condiment, puis ajoutez les quartiers d'avocat et déposez une belle cuillerée de salade de kiwi.

HI-

VER

Info nutrition

L'héliantis est très proche du topinambour, et, comme lui, il contient un prébiotique naturel, l'inuline. Celle-ci permet à notre flore intestinale de se nourrir de bonnes bactéries indispensables à son fonctionnement. Ce tubercule est aussi gorgé de vitamines et de nutriments qui contribuent au bon fonctionnement de notre système immunitaire ; cela tombe bien : il pousse en hiver.

HÉLIANTIS, AIL NOIR

Pour 1 bocal de 250-300 g – Préparation : 20 min

Cuisson : 35 à 40 min

1 kg d'héliantis
ou de topinambours (290 g cuits)

15 g d'ail noir

1 étoile de badiane,
fraîche si possible

Quelques pluches d'estragon

Sel

Poivre

Préchauffez le four à 180 °C (th. 6).

Lavez les héliantis et déposez-les sur une plaque recouverte de papier cuisson, puis enfournez pour 25 à 30 min.

Quand ils sont cuits, coupez-les en deux et retirez la chair. Vous devez en obtenir 290 g. Passez la chair au tamis.

Pelez l'ail noir, puis écrasez-le avec la chair d'héliantis à l'aide d'une fourchette.

Mettez le tout dans une casserole et « desséchez » la purée obtenue quelques instants sur feu doux. Hors du feu, rectifiez l'assaisonnement et râpez sur la purée de la badiane fraîche à l'aide d'une Microplane®.

Conservez dans un bocal hermétique au frais pendant 1 ou 2 semaines maximum.

Dégustez sur des croûtons de pain, par exemple, avec quelques pluches d'estragon.

Info nutrition

Le salsifis est riche en inuline, un sucre non digestible qui nourrit la flore comme un prébiotique, ce qui peut parfois provoquer une activité importante et bénéfique des intestins. Dans cette recette, les grains de coriandre, carminative, favoriseront une digestion plus sereine, qui vous permettra également de bénéficier des nombreux minéraux et vitamines que contient le salsifis.

PICKLES DE RACINES

Pour 1 bocal de 1 l – Préparation : 10 min

Cuisson : 10 min – Repos : 3 jours

500 g de salsifis
30 cl de vinaigre blanc
10 g de graines de coriandre
10 g de poivre blanc en grains
3 bâtons de fenouil sec

Épluchez les salsifis en prenant soin de réserver 150 g d'épluchures. Portez à ébullition 100 g d'eau avec les épluchures de salsifis. Ajoutez le vinaigre blanc. Remontez à ébullition, puis coupez le feu.

Lavez les salsifis épluchés, puis taillez-les finement à la mandoline.

Placez les salsifis dans un bocal avec les graines de coriandre, le poivre blanc et le fenouil sec.

Versez environ 10 cl de bouillon de salsifis chaud dans le bocal. Fermez et laissez reposer au minimum 3 jours au frais avant utilisation et conservez jusqu'à 1 mois.

Variante

On peut réaliser cette recette avec d'autres racines (panais, carotte, betterave, navet, etc.) de son choix.

Info nutrition

Les noisettes, en plus de leur goût incomparable et savoureux, sont de vraies amies, notamment en faisant baisser la fabrication de « mauvais » cholestérol par notre organisme. Leur richesse en acides gras mono-insaturés et en antioxydants nous autorise à savourer cette pâte à tartiner sans culpabiliser, mais sans excès, bien sûr !

Le physalis, ou amour-en-cage (mon préféré parmi ses nombreux surnoms), est bourré d'antioxydants et de vitamine C, qui aident le corps à lutter contre le stress oxydatif. Fraîches ou séchées (alors souvent appelées aguaymanto), les baies sont aussi diurétiques ; elles sont intéressantes lors d'activités physiques intenses pour bien éliminer les toxines et limiter l'oxydation.

PÂTE À TARTINER

Pour 1 pot

CACAO-NOISETTE

Préparation : 20 min – Cuisson : 10 min

- 150 g de noisettes
- 75 g de chocolat noir
- 20 g d'huile de coco
- 70 g de sirop d'agave
- 15 g de cacao amer, en poudre
- 15 cl de boisson végétale de noisette
- 2 pincées de fleur de sel

Préchauffez le four à 200 °C (th. 7). Disposez les noisettes sur une plaque, puis enfournez 10 min pour les torréfier.

Faites fondre au bain-marie le chocolat noir avec l'huile de coco.

Laissez les noisettes refroidir, puis frottez-les entre vos mains pour ôter leur pellicule. Mixez-les à l'aide d'un blender jusqu'à l'obtention d'une pâte la plus lisse possible.

Ajoutez le sirop d'agave, le chocolat fondu, la poudre de cacao, la boisson de noisette et le sel, puis mixez à nouveau jusqu'à l'obtention d'un mélange homogène.

Transférez la pâte à tartiner dans un pot à confiture et conservez au frais 1 semaine.

PHYSALIS CURD

Préparation : 30 min – Cuisson : 5 min – Repos 30 min

- 120 g de beurre ou d'huile de coco
- 250 g de physalis déshydratés (ou 160 g de frais)
- 2 pincées de gros sel

Dans un cul-de-poule, déposez les physalis séchés et couvrez d'eau bouillante. Laissez-les gonfler au moins 20 min (idéalement 1 nuit). Égouttez.

Faites fondre le beurre à feu très doux dans une petite casserole. Laissez-le reposer quelques minutes.

Mixez les physalis égouttés avec l'huile et le sel à l'aide d'un mixeur plongeant jusqu'à l'obtention d'une crème uniforme. Passez la préparation au chinois pour retirer les graines.

Versez la préparation dans un pot stérilisé. Conservez jusqu'à 15 jours au frais.

Astuce

Récupérez les graines, étalez-les sur une toile de cuisson en une très fine couche et déshydratez 12 h à 40 °C pour obtenir des tuiles de physalis.

Info nutrition

Cette recette riche en iode booste la thyroïde et donne un bon coup de fouet si vous êtes un peu fatigué.

CAVIAR VÉGÉTAL

Pour 4 personnes – Préparation : 45 min

Cuisson : 1h05 – Repos : 1h30

Le caviar végétal

50g de perles de tapioca tout petit format (en magasin asiatique) ou de graines de chia

3 c. à s. d'algues en paillettes (ou feuilles de nori hachées)

3 c. à s. (20g) de sauce tamari ou de sauce soja

Le jus de 1 citron

1 c. à s. de vinaigre d'ume (facultatif)

1 c. à c. d'huile de sésame torréfié (ou autre)

La crème de lentilles & lentilles entières

200g de lentilles vertes

1 filet d'huile d'olive

50cl d'eau ou de bouillon de légumes

Huile d'olive

Le jus de 1 citron

Sel

Poivre

Les galettes de sarrasin au nori brûlé

60g de farine de sarrasin ou de farine de lentilles

2 feuilles de nori (2g)

200g d'eau

1 filet d'huile d'olive

1 pincée de gros sel

Poivre du moulin

Le caviar végétal

Portez à ébullition 1,5l d'eau. Ajoutez les perles de tapioca, 2 c. à s. d'algues en paillettes et 1 c. à s. de sauce tamari.

Laissez cuire à feu doux pendant environ 25 min, jusqu'à ce que les perles soient cuites à cœur.

Égouttez-les, puis rincez-les à l'eau froide sans toutefois essayer d'enlever le surplus d'algues.

Disposez-les dans un saladier et laissez mariner à couvert avec le reste du tamari et le reste d'algues, le jus de citron, le vinaigre d'ume et l'huile de sésame (pour éviter qu'elles se collent entre elles) pendant au moins 1h.

Astuce

Pour une couleur encore plus foncée, ajoutez 1/2 c. à c. de poudre de charbon activé, que vous trouverez en magasin bio.

La crème de lentilles & lentilles entières

Dans une casserole, faites revenir doucement les lentilles à l'huile d'olive, puis ajoutez l'eau ou le bouillon de légumes. Assaisonnez et laissez cuire 35 min.

Égouttez, puis mixez la moitié des lentilles afin d'obtenir une purée lisse. Assaisonnez les lentilles restantes avec un peu d'huile d'olive, du sel, du poivre et du jus de citron.

Les galettes de sarrasin au nori brûlé

Dans une poêle à sec, déposez 1 feuille de nori et retournez-la de temps en temps jusqu'à ce qu'elle sèche complètement, soit environ 1 min sur chaque face. Répétez l'opération avec la deuxième feuille. Mixez la farine de sarrasin avec les feuilles de nori séchées dans un petit blender jusqu'à l'obtention d'une farine homogène.

Versez dans un bol, faites un puits et ajoutez l'eau peu à peu tout en fouettant sans discontinuer, jusqu'à l'obtention d'une consistante homogène. Laissez reposer au moins 30 min, puis faites cuire vos galettes dans un poêlon huilé bien chaud.

Dressage & finitions

Avant de servir, égouttez de nouveau les perles de tapioca.

Étalez la crème de lentilles au fond d'une boîte à caviar ou d'un petit récipient rond à fond plat, ajoutez une couche de lentilles par-dessus, puis recouvrez de caviar végétal en lissant bien la surface.

Servez sur une jolie planche avec une cuillère et les petites galettes au nori et au sarrasin.

Info nutrition

Les feuilles de capucine apportent un goût poivré à l'ensemble.

Les topinambours sont très peu caloriques et contiennent du fer.

CRÈME DE TOPINAMBOUR, CITRON VERT & CARDAMOME

Pour 4 personnes – Préparation : 50 min
Cuisson : 25 min – Repos : 1 nuit

La crème de topinambour

400 g de topinambours
Le jus de 1/2 citron jaune
2 c. à s. d'huile de coco
1 c. à c. de cardamome en poudre
Le zeste de 1 citron vert
1 c. à c. de fleur de sel complet

Les clémentines rôties

2 clémentines corses (zeste, quartiers et jus)
1 filet d'huile d'olive
Le jus de 1 citron (facultatif)

Le carpaccio de topinambour

180 g de topinambours
2 branches de coriandre fraîche
1 cardamome noire

Finitions

Quelques feuilles de capucine (ou autres herbes aromatiques pour la touche verte)

La crème de topinambour

Épluchez les topinambours et coupez-les en morceaux. Déposez-les au fur et à mesure dans un saladier rempli d'eau additionnée du jus de citron pour éviter qu'ils noircissent.

Portez 2 l d'eau à ébullition et faites-y cuire les morceaux de topinambours égouttés pendant 10 à 15 min. Ils sont cuits lorsque la pointe d'un couteau s'y enfonce facilement.

Égouttez, puis mixez les topinambours encore chauds et l'huile de coco à l'aide d'un mixeur plongeant ou d'un blender.

Ajoutez la cardamome et la fleur de sel selon votre goût, puis râpez le zeste de citron vert par-dessus.

Les clémentines rôties

Râpez le zeste de 1 clémentine et réservez-le. Pelez, puis coupez les clémentines en huit.

Dans une poêle antiadhésive, poêlez « à sec » 12 quartiers de clémentine jusqu'à ce qu'ils caramélisent, puis réservez.

Récupérez le jus des 4 quartiers restants, ajoutez-y un filet d'huile d'olive, et éventuellement le jus de citron si les clémentines sont trop sucrées. Réservez cette vinaigrette.

Le carpaccio de topinambour

Préchauffez le four à 180 °C (th. 6). Pelez les topinambours au couteau. Déposez les épluchures dans un plat et enfournez jusqu'à ce qu'elles deviennent croustillantes, comme des chips. Réservez-les.

Tranchez très finement les topinambours à l'aide d'une mandoline et plongez-les dans un bol d'eau glacée afin de les rendre bien croquants. Égouttez, puis séchez-les bien et déposez-les dans un saladier.

Assaisonnez avec la vinaigrette de clémentine, la coriandre hachée, la cardamome noire râpée, le zeste de clémentine réservé et les chips de peaux de topinambours. Rectifiez l'assaisonnement.

Dressage & finitions

Dans un bol, dressez 1 c. à s. de crème de topinambour, chaude ou froide selon votre préférence, en demi-cercle. Disposez par-dessus les quartiers de clémentines rôties, le carpaccio de topinambour cru et les feuilles de capucine.

Info nutrition

La pomme de terre est un aliment «alcalinisant» : elle permet de réguler le PH de notre corps, souvent trop acide.

Suggestion

Vous pouvez ajouter quelques branches de thym frais, véritable allié des saisons froides, car il est anti-infectieux, et aide à combattre les problèmes respiratoires et la fatigue hivernale.

CIVET DE POMMES DE MER & TROMPETTES DE-LA-MORT

Pour 4 personnes – Préparation : 1 h

Cuisson : 1 h 20 – Repos : 1 nuit

La marinade

1 l de vin rouge
1 carotte
½ oignon blanc
2 gousses d'ail brûlées
10 grains de poivre noir
4 baies de genièvre
1 feuille de laurier
1 branche de thym

Les pommes de terre

3 grosses pommes de terre
20 petites pommes de terre de Noirmoutier
50 g de beurre de coco

La tapenade de trompettes

250 g de trompettes-de-la-mort
25 g de pignons torréfiés
1 branche de romarin séché
40 g d'ail confit
15 g d'huile de coco
25 g de truffe noire hachée décongelée ou en pot (facultatif)
Huile d'olive

Dressage & finitions

Truffe noire entière (facultatif)
Yaourt d'amande truffé (voir p. 46)

Les pommes de terre marinées

La veille, mélangez tous les ingrédients de la marinade.

Lavez, puis coupez en cubes les grosses pommes de terre. Mettez-les dans un bocal hermétique avec la marinade. Faites-les cuire dans ce bocal au bain-marie à léger frémissement pendant 40 min, puis laissez refroidir à l'air libre pendant 1 nuit.

La cuisson

Le jour même, coupez les pommes de terre de Noirmoutier en deux. Égouttez le contenu du bocal pour ne récupérer que la marinade.

Faites rôtir les demi-pommes de terre dans une cocotte avec le beurre de coco pendant 5 min, puis mouillez à hauteur avec la marinade. Laissez mijoter à couvert pendant 25 à 30 min à feu doux.

La tapenade de trompettes

Préchauffez le four à 140 °C (th. 5). Torréfiez les pignons de pin pendant 15 à 20 min au four, puis réservez. Pendant ce temps, faites brûler le romarin séché dans une poêle à sec pendant quelques minutes. Réservez.

Nettoyez les trompettes, puis faites-les sauter avec l'ail et l'huile de coco pendant quelques minutes. Ajoutez éventuellement des épluchures de truffe et laissez cuire encore 4-5 min, puis réservez. Mixez le tout avec les pignons torréfiés, l'ail confit et le romarin brûlé, et ajoutez de l'huile d'olive au fur et à mesure, jusqu'à l'obtention d'une tapenade homogène.

Astuce

Vous pouvez préparer cette tapenade en avance et la conserver quelques jours au réfrigérateur pour la servir sur des toasts, par exemple.

Dressage & finitions

Laissez bien réduire la marinade de vin dans la cocotte, puis, aux ¾ de la cuisson des pommes de terre, ajoutez une cuillerée de tapenade de trompettes pour lier le tout.

Servez directement dans la cocotte avec éventuellement quelques copeaux de truffe noire et une bonne cuillerée de yaourt d'amande avec de la truffe, à part.

Info nutrition

Le sumac est utilisé depuis des centaines d'années pour soulager les problèmes infectieux, particulièrement de la gorge. Cette recette toute rouge est riche en antioxydants !

BETTERAVE, GRENADE, SUMAC

Pour 10 personnes – Préparation : 1h10

Cuisson : 4 à 6h + 1h10 min – Repos : 30 min

La cocotte grenades & betteraves

4 grenades
4 betteraves
Huile d'olive
Pâte à luter

La vinaigrette de grenade au sumac

5 cl de vinaigre de vin rouge
1 pincée de sumac en poudre
5 cl d'huile d'olive
Poivre

Dressage & finitions

Condiment betterave & chia (voir p. 84)

La cocotte grenades & betteraves

Préchauffez le four à 180 °C (th. 6).

Égrainez les grenades à l'aide d'une cuillère en prenant soin d'en réserver un tiers et les parures. Déposez ces dernières dans une cocotte. Nettoyez les betteraves, lustrez-les légèrement d'huile d'olive, puis posez-les sur les parures de grenade et les feuilles et épluchures de betterave.

Sertissez le couvercle de pâte à luter et enfournez pour 4 à 6 h.

La vinaigrette de grenade au sumac

Pendant ce temps, mixez les graines de grenade réservées à l'aide d'un mixeur plongeant, puis passez la préparation au chinois pour recueillir le jus.

Faites-le réduire de moitié à feu doux dans une casserole, réservez, puis ajoutez le vinaigre de vin rouge, le sumac, l'huile d'olive et le poivre pour réaliser une vinaigrette. Assaisonnez-en les graines de grenade quelques minutes avant de les utiliser.

Dressage & finitions

Lorsque les betteraves sont cuites, pelez-les, puis détaillez-les en 8 morceaux.

Dans une assiette creuse, déposez une cuillerée de condiment betterave & chia. Ajoutez quelques quartiers de betterave cuite et tiède, puis surmontez le tout d'une cuillerée de graines de grenade à la vinaigrette.

Info nutrition

Le fonio est une petite céréale, naturellement sans gluten et complète d'un point de vue nutritionnel. Elle est particulièrement riche en minéraux, tels que le magnésium, le calcium, le manganèse ou le zinc. Elle est très intéressante pour diversifier sa consommation de céréales. Ne vous laissez pas impressionner par son originalité, elle se cuisine comme de la semoule de blé; un adage populaire africain dit d'ailleurs : « Le fonio ne fait jamais honte à la cuisinière. »

MINESTRONE PHO AUX ÉPICES & FONIO

Pour 5 personnes – Préparation : 1 h

Cuisson : 1 h 30

Le bouillon aux épices

- 2 navets boules d'or de taille moyenne
- 1 gros panais ou 2 petits
- 2 oignons blancs
- 2 capsules de cardamome
- 2 bâtons de cannelle
- 2 étoiles de badiane
- 30 g de gingembre frais
- 1 c. à s. de gros sel

Les légumes

- 2 choux pak choï
- 2 oignons cebettes
- 1/4 de chou vert
- 1/4 de botte de coriandre
- 150 g de fonio
- 450 g d'eau
- Gros sel

Le bouillon aux épices

Lavez et épluchez les navets et le panais. Réservez les épluchures.

Épluchez les oignons et coupez-les en deux. Faites chauffer une poêle à blanc et posez la face plane des oignons sur la poêle très chaude afin de les faire légèrement brûler.

Dans une casserole, mettez les épluchures, les épices, le gingembre coupé grossièrement, les oignons brûlés et le gros sel. Ajoutez 2 l d'eau, faites chauffer à feu moyen et laissez frémir environ 1 h 30. Filtrez.

La préparation des légumes

Coupez les choux pak choï et les blancs d'oignons cébettes en deux. Faites-les légèrement brûler dans une poêle comme les oignons du bouillon. Réservez.

Ciselez finement les verts d'oignons cébettes et réservez. Taillez ensuite les navets boules d'or, le panais et les choux verts en brunoise.

La cuisson du fonio

Rincez le fonio dans un chinois étamine et placez-le dans une casserole avec 450 g d'eau froide et une pincée de gros sel. Portez à ébullition et baissez le feu, laissez cuire 5 min.

Laissez gonfler 5 min supplémentaires hors du feu. Égouttez le fonio et passez-le sous l'eau froide pour stopper la cuisson. Réservez.

Dressage & finitions

Dans des assiettes creuses, faites de petits dômes de fonio. Dressez un peu d'oignon cébette, les légumes taillés en brunoise et des verts d'oignons ciselés ainsi que quelques feuilles de coriandre fraîche.

Placez le bouillon très chaud dans un joli plat au centre de la table et servez 2 grosses louches par personne dans les assiettes afin de réchauffer la garniture et de la cuire instantanément.

Suggestion

Ajoutez 4 ou 5 fleurs d'hibiscus blanc dans le bouillon pour apporter une légère acidité naturelle et un goût très floral.

Info nutrition

La prédominance du sucre dans notre alimentation moderne nous a éloignés de l'amer; cette saveur est pourtant indispensable, notamment pour le foie. Elle stimule en effet notre sécrétion de sucs digestifs, décongestionnant ainsi le foie et le pancréas, et facilitant le transit.

Plus d'hésitation pour l'amertume, d'autant plus qu'ici celle des endives sera adoucie par le moelleux des châtaignes.

ENDIVES DE PLEINE TERRE, CHÂTAIGNES & ALGUES

Pour 8 personnes – Préparation : 40 min

Cuisson : 40 à 45 min

Les châtaignes

100 g de châtaignes
15 cl de lait
Sel
Poivre

Le condiment

100 g d'algues fraîches
1/2 gousse d'ail
25 g d'huile d'olive
20 g de graines de sésame
Gomasio (voir p. 13)

Dressage & finitions

8 endives

Les châtaignes

Préchauffez le four à 180 °C (th. 6). Fendez les châtaignes en deux, puis faites-les griller sur une plaque de cuisson pendant 25 min ou au barbecue.

Lorsqu'elles sont cuites, épluchez-les en prenant soin de ne pas vous brûler. Mixez-les avec le lait, jusqu'à l'obtention d'une consistance crémeuse. Rectifiez l'assaisonnement.

Le condiment

Préchauffez le four à 150 °C (th. 5). Étalez les graines de sésame sur une plaque recouverte de papier cuisson et enfournez pour 10 à 15 min, jusqu'à ce qu'elles deviennent blondes.

Mixez les algues, l'ail pelé, l'huile et les graines de sésame torréfiées jusqu'à l'obtention d'une pâte homogène.

Dressage & finitions

Nettoyez les endives, puis coupez-les en tranches épaisses dans la longueur.

Juste avant de servir, faites griller les endives sur un gril ou au barbecue et nappez-les de condiment aux algues.

Déposez 2 demi-endives dans chaque assiette, saupoudrez de gomasio et servez avec la crème de châtaigne, à saucer.

Info nutrition

Le chou-fleur fait partie de la bande des crucifères, comme le brocoli, dont la bonne réputation n'est plus à faire. Le chou-fleur cru est particulièrement riche en vitamine C et, sous toutes ses formes, il contribuera à la bonne santé de votre flore intestinale. Choisissez une variété de couleur qui sera du plus bel effet dans votre assiette!

CHOU-FLEUR, TRUFFE NOIRE

Pour 8 personnes – Préparation : 30 min

Cuisson : 50 min à 1h05

1 chou-fleur entier
50g de truffe
1 c. à s. d'huile de coco
10cl de lait de coco
Sel

Préchauffez le four à 160 °C (th. 5-6).

Nettoyez le chou-fleur entier et retirez les feuilles en prenant soin de les réserver. Épluchez la truffe, réservez les parures.

Séchez bien le chou, puis badigeonnez-le d'huile de coco et salez-le. Enveloppez-le dans une feuille de papier cuisson avec la moitié des parures de truffe, puis déposez-le sur une plaque de cuisson et enfournez pour 45 min à 1 h, jusqu'à ce que le chou-fleur soit coloré et fondant.

Pendant ce temps, séparez les tiges des feuilles de chou-fleur et taillez-les en brunoise. Hachez le reste des parures de truffe.

Faites suer la brunoise de tiges dans l'huile de coco pendant 4-5 min ; elles doivent être mi-cuites. Ajoutez la truffe hachée. Mouillez au lait de coco et rectifiez l'assaisonnement.

Lorsqu'il est cuit, coupez le chou-fleur en quartiers et dressez-en un par assiette, accompagné d'une cuillerée de sauce. Râpez un peu de truffe par-dessus et dégustez.

Info nutrition

Cette recette est une vraie source de bêtacarotène avec la courge butternut.

Le curcuma lui confère, de plus, des propriétés anti-inflammatoires.

Suggestion

Ajoutez sur l'assiette une cuillère à café de poudre de lucuma, fruit riche en vitamines B et très énergisant !

COURGE BUTTERNUT, ORANGE & CURCUMA

Pour 4 personnes – Préparation : 1 h 30
Cuisson : 45 min – Repos : 1 nuit

La marinade courge-orange

1 courge butternut
ou courge musquée de Provence de 2 kg
2 oranges
Le jus de 1 orange (200 g)
1/2 gousse de vanille
40 g de miel
15 g de curcuma frais pelé
ou 4 pincées de curcuma en poudre
10 g de gingembre frais pelé
Poivre du Sichuan

Le granité

130 g de jus de courge
300 g de jus d'orange
20 g de jus de citron
65 g de Grand Marnier®

Le condiment

150 g de courge
50 g de miel
1/2 gousse de vanille
20 g de baies de goji mi-sèches
Le zeste de 1 orange
110 g de jus d'orange
6 g de curcuma frais en brunoise
ou 2 pincées de curcuma en poudre
Le jus de 1 citron (facultatif)
Poivre

Dressage & finitions

Baies de goji
Poudre de lucuma

La marinade courge-orange

La veille, pelez la courge, centrifugez-en la moitié et réservez l'autre pour la papillote. Mélangez le jus de courge centrifugée avec les autres ingrédients, sauf les oranges.

Coupez joliment la deuxième moitié de la courge. Tranchez les oranges en demi-rondelles, puis laissez-les reposer dans la marinade pendant 1 nuit.

Le granité

Mélangez les 3 jus avec le Grand Marnier®, puis réservez au congélateur pendant 1 nuit.

La papillote courge-orange

Le jour même, préchauffez le four à 160 °C (th. 5-6).

Égouttez les tranches de courge et d'orange, puis déposez-les avec les éléments solides de la marinade (poivre du Sichuan, gingembre frais) sur une feuille de papier cuisson et refermez-la en papillote. Enfournez pour 25 à 30 min.

Le condiment

Pelez, puis taillez la courge en brunoise pour faciliter la cuisson. Réalisez un caramel avec le miel et 50 g d'eau dans une casserole, puis ajoutez les grains de la gousse de vanille. Ajoutez la brunoise de courge, les baies de goji, le zeste d'orange, et déglacez au jus d'orange. Ajoutez le curcuma et laissez cuire à couvert pendant 10 à 15 min à feu doux, jusqu'à ce que la courge soit fondante. Acidifiez, si vous le souhaitez, ce condiment avec un peu de jus de citron. Écrasez grossièrement à la fourchette, poivrez et réservez au frais.

Dressage & finitions

Dressez une cuillerée de condiment froid sur chaque assiette. Ouvrez la papillote sur le dessus et déposez-la à côté de l'assiette. Sortez-en quelques tranches de courge et d'orange chaudes et disposez-les sur le condiment de façon harmonieuse, puis ajoutez quelques baies de goji et parsemez de poudre de lucuma.

Sortez le granité du congélateur, grattez-le et servez-en une cuillerée à côté de la papillote.

Astuce

Vous pouvez gratter le granité un peu avant de le servir.

Info nutrition

Le kaki est gorgé de vitamine C et de caroténoïdes, des antioxydants puissants. La saison pour en manger en France se situe au cœur de l'hiver ; en consommer souvent est donc l'idéal pour se prémunir des infections hivernales.

KAKI, PIMENT & NOIX

Pour 6 personnes

Préparation : 40 min

Le condiment

110 g de noix fraîches décortiquées
50 g de lait entier
25 g de crème liquide
30 g d'huile d'olive
1 pincée de piment d'Espelette

La garniture

3 kakis mûrs
50 g d'huile d'olive
1 c. à c. de Tabasco®
ou de pâte de piment

La vinaigrette de kaki

200 g de chair de kakis mûrs
25 g de gingembre
25 g de citronnelle
40 g de jus de citron
100 g d'huile d'olive
35 g d'eau
6 feuilles de mélisse émincées

Le condiment

Décortiquez, puis mixez grossièrement les noix à l'aide d'un mixeur. Ajoutez le lait, la crème et l'huile. Mixez de nouveau rapidement, ajoutez le piment d'Espelette et réservez au frais.

La garniture

Mixez rapidement l'huile avec le Tabasco® pour réaliser une huile pimentée.

Pelez les kakis, puis taillez-les en quartiers. Badigeonnez-les d'huile pimentée à l'aide d'un pinceau et réservez au frais.

La vinaigrette de kaki

Mixez la chair des kakis à la vitesse rapide pour les réduire en jus. Faites un jus avec le gingembre et la citronnelle à l'aide d'une centrifugeuse, puis ajoutez ce dernier au jus de kaki. Ajoutez le jus de citron, l'huile d'olive et l'eau, ainsi que la mélisse émincée, et fouettez vivement.

Dressage & finitions

Placez les quartiers de kakis dans un saladier et assaisonnez-les avec de la vinaigrette de kaki à la mélisse. Dressez les kakis assaisonnés dans des assiettes avec de la crème de noix et arrosez de vinaigrette.

Info nutrition

L'aquafaba (*faba* pour « haricot ») est l'eau de cuisson des légumineuses. Elle peut se monter en neige comme les blancs d'œufs, ce qui constitue une véritable révolution dans la pâtisserie, permettant aux intolérants aux œufs ou aux vegan de savourer des pâtisseries dignes de ce nom. Très digeste, l'aquafaba est dépourvue des effets indésirables des légumineuses.

BÛCHE DES INCAS, CHOCO-NOISETTE

Pour 8 à 10 personnes – Préparation : 2h30

Cuisson : 10 min – Repos : 2h30

La génoise

75 g de farine de riz blanc
75 g de farine de sarrasin
75 g de fécule de maïs ou de tapioca
10 g de bicarbonate de soude
180 g de sucre blond
35 g de cacao amer, en poudre
75 g de crème d'amande cuisine
2 c. à s. de vinaigre de cidre
7,5 cl d'aquafaba
2 bonnes pincées de piment d'Espelette

La mousse au chocolat

120 g de chocolat noir à 64 % de cacao minimum
17 cl d'aquafaba
35 g de sucre glace

Le sirop

100 g de sirop d'agave
150 g d'eau

Montage

200 g de noisettes torréfiées, concassées

Les tuiles piquantes

20 g de fécule au choix (maïs, tapioca…)
20 g d'huile de coco
10 g de sucre glace
20 g d'eau
$^1/_2$ c. à c. de paprika doux
1 grosse pincée de piment d'Espelette

Dressage & finitions

Pâte à tartiner (voir p. 122)
Tranches d'agrumes (orange, kumquats…)
Graines de sésame

Astuce

Les trois premières étapes peuvent être réalisées la veille afin de préparer le dessert en avance.

La génoise

Préchauffez le four à 180 °C (th. 6). Dans un saladier, mélangez tous les éléments secs : farines, fécule, bicarbonate, sucre, cacao et piment. Incorporez 15 cl d'eau, la crème d'amande et le vinaigre de cidre. Mélangez bien et réservez.

Versez l'aquafaba dans le bol d'un robot pâtissier et montez en neige très ferme. Cela prend un peu plus de temps qu'avec des blancs d'œufs : comptez environ 10 min à pleine puissance.

Incorporez l'aquafaba montée à la préparation précédente, très délicatement et en plusieurs fois.

Versez la préparation sur une feuille siliconée huilée. Étalez-la uniformément à l'aide d'une spatule en un rectangle d'environ 35 x 25 cm et sur 1 cm d'épaisseur. Enfournez pour 10 min, puis réservez.

La mousse au chocolat

Faites fondre le chocolat au bain-marie. Pendant ce temps, commencez à monter l'aquafaba en neige.

Lorsqu'elle commence à mousser, ajoutez le sucre glace et continuez à monter afin d'obtenir un mélange très ferme et brillant. Incorporez l'aquafaba montée au chocolat fondu en plusieurs fois. Transférez la mousse dans une poche et réservez au frais.

Sirop & imbibage

Pour le sirop, faites bouillir le sirop d'agave et l'eau pendant 2 min.

Détaillez la génoise en plusieurs rectangles : 1 rectangle de 20 x 25 cm qui constituera presque tout le pourtour de la bûche, 1 rectangle de 20 x 4 cm pour l'intérieur, 1 rectangle de 20 x 6 cm pour fermer la bûche. Imbibez uniformément de sirop chaque morceau de génoise.

Astuce

Pour réaliser un moule à bûche maison, découpez le haut d'une bouteille d'eau pour garder un cylindre de 20 cm de long, puis découpez sur le dessus dans la longueur une bande de 6 cm de large afin d'obtenir une gouttière.

Montage

Placez le plus grand rectangle de génoise de manière à tapisser tout l'intérieur de la gouttière. Remplissez la bûche au tiers de mousse, puis répartissez les noisettes concassées sur toute la longueur. Placez ensuite le plus petit rectangle de génoise au centre et recouvrez avec la mousse restante.

Pour finir, ajoutez une fine couche de pâte à tartiner (environ 5 mm) sur toute la surface de votre dernier morceau de génoise et positionnez-le, pâte à tartiner contre la couche de mousse, afin de fermer la bûche.

Réservez le tout au frais pendant au moins 2 h.

Les tuiles piquantes

Préchauffez le four à 120 °C (th. 4). Mélangez tous les ingrédients jusqu'à obtenir un mélange bien homogène. Étalez finement l'appareil à l'aide d'une spatule sur un papier silicone, et mettez au four pour 10 min afin d'obtenir une tuile bien croustillante.

Dressage & finitions

Démoulez la bûche et glacez-la avec la pâte à tartiner en la répartissant sur toute la surface en une couche d'environ 5 mm d'épaisseur. Lissez ensuite avec une spatule préalablement trempée dans de l'eau chaude. Placez de nouveau la bûche au frais pour au moins 30 min.

Juste avant de servir, décorez la bûche avec les agrumes, des morceaux de tuile et saupoudrez de graines de sésame.

Astuce

Si la pâte à tartiner est trop ferme, vous pouvez la ramollir en la chauffant un peu au bain-marie.

Conseil

Attention, l'aquafaba montée est plus fragile que les blancs d'œufs en neige, il faut donc procéder délicatement.

Info nutrition

L'estragon (ou *Artemisia dracunculus*, un nom qui semble sorti d'un conte de fées) est une plante aromatique particulièrement intéressante pour ses vertus antioxydantes. Il possède aussi des propriétés antispasmodiques et digestives. Essayez-le en tisane, il révélera son goût délicat et vous profiterez de son action apaisante.

CAKE ORANGE SANGUINE SANS GLUTEN

Pour 8 personnes – Préparation : 30 min
Cuisson : 1 h – Repos : 1 nuit

3 oranges sanguines

La base de cake

415 g de beurre demi-sel
400 g de sucre rapadura
9 œufs bio (450 g)
4 c. à c. de zeste d'orange râpé
3 c. à c. rase de fleur de sel
2 c. à s. de miel liquide
3 c. à s. d'huile d'olive
200 g de poudre d'amande
100 g de farine de riz
80 g de farine de maïs
1 c. à c. rase de levure
150 g de lait d'amande

Le condiment citron-estragon

100 g de citron jaune
20 g de sucre
10 g d'eau
1/2 botte d'estragon

Le glaçage & les finitions

200 g de sucre glace
3 c. à s. de lait d'amande
Physalis curd (voir p. 122)
Quelques graines de physalis

La base de cake

La veille, faites fondre le beurre dans une casserole à feu doux, puis laissez tiédir.

Battez les œufs avec le sucre, le zeste d'orange, la fleur de sel et le miel. Ajoutez l'huile, la poudre d'amande et les farines préalablement tamisées avec la levure. Mélangez bien jusqu'à ce que celles-ci soient complètement incorporées. Ajoutez le beurre fondu tiède, puis mélangez de nouveau. Ajoutez le lait d'amande et mélangez jusqu'à l'obtention d'une pâte homogène.

Réservez au frais pendant au moins 1 h et dans l'idéal 1 nuit.

Le condiment citron-estragon

Le jour même, pelez le citron à vif, puis coupez-le en morceaux. Déposez-les dans une casserole avec le sucre et l'eau, puis laissez cuire à 90 °C pendant 20 min. Ajoutez l'estragon en fin de cuisson, mixez à l'aide d'un mixeur plongeant et réservez au frais.

La cuisson du cake

Préchauffez le four à 180 °C (th. 6). Coupez les oranges sanguines en jolies rondelles. Huilez un grand moule de 25 cm de diamètre et chemisez-le de papier cuisson, puis versez-y la pâte à cake.

Enfournez et, au bout de 10 min de cuisson, disposez harmonieusement les tranches d'orange sanguine. Enfournez de nouveau pour environ 30 min. Testez la cuisson à l'aide de la pointe d'un couteau.

Le glaçage & les finitions

Pour le glaçage, fouettez le sucre glace et le lait d'amande jusqu'à l'obtention d'une texture homogène. À la sortie du four, laissez refroidir, puis recouvrez de glaçage de façon uniforme.

Servez avec du physalis curd (voir p. 122), quelques graines de physalis et le condiment citron-estragon.

Info nutrition

L'eau de fleur d'oranger est relaxante et digestive. Finir un repas avec cette note florale ravira les cœurs et les estomacs, souvent très sollicités pendant ces périodes intenses de fêtes de fin d'année.

PAVLOVA DE NOËL, GLACE À LA FLEUR D'ORANGER

Pour 3 à 5 personnes – Préparation : 45 min

Séchage : 1 nuit – Repos : 3 à 4 h

La couronne meringuée

100 g de jus de pois chiches réduit, ou de conserve
150 g de sucre blond complet
10 g de fécule de maïs
Amandes entières et concassées
Noisettes entières et concassées
Pistaches entières et concassées
3 abricots secs
3 dattes

La glace à la fleur d'oranger

150 g de noix de cajou
170 g de sirop d'agave
25 cl de lait d'amande
6 cl d'huile de coco
5 cl d'eau de fleur d'oranger
4 pincées de sel

La couronne meringuée

La veille, versez le jus de pois chiches dans le bol d'un robot pâtissier et commencez à fouetter. Lorsque la préparation devient bien mousseuse, ajoutez le sucre et la fécule préalablement mélangés, puis continuez à fouetter à grande vitesse jusqu'à ce que la meringue soit très ferme et bien brillante – cela peut prendre plusieurs minutes.

Sur l'envers d'une feuille de papier cuisson, dessinez un cercle d'environ 20 cm de diamètre pour avoir un repère. De l'autre côté du papier, déposez la meringue à l'aide d'une poche à douille en suivant votre repère. La couronne doit être le plus haut possible car elle risque de s'affaisser lors du séchage.

Disposez dessus des morceaux d'amandes, de pistaches, de noisettes, des tranches d'abricots secs et de dattes afin d'obtenir une jolie couronne.

Faites-la sécher au déshydrateur 24 h ou au four sans ventilation à 60 °C (th. 1-2) toute une nuit.

La glace à la fleur d'oranger

Faites tremper les noix de cajou 1 à 2 h dans de l'eau. Égouttez-les, puis mixez tous les ingrédients dans un blender jusqu'à l'obtention d'un mélange lisse et homogène.

Transférez dans une sorbetière. Une fois la glace bien prise, réservez-la au congélateur jusqu'au moment du service.

Dressage & finitions

Servez une part de pavlova par assiette avec une quenelle de glace et quelques fruits frais si vous le souhaitez.

AN

-NE-
XES

LAIT D'AMANDE & OKARA

Préparation : 10 min - Repos : 2h

200 g d'amandes entières

1 l d'eau de source (peu minéralisée)

Le lait d'amande

Faites tremper les amandes dans de l'eau pendant au moins 2 h. Égouttez-les.
Dans un blender assez puissant, mixez les amandes trempées avec le litre d'eau de source. Filtrez le mélange dans un tissu. Réservez votre boisson végétale au frais avant utilisation.

L'okara

La pulpe restant dans le tissu après filtrage est appelée okara. Elle peut servir dans de nombreuses préparations (voir p. 60) mais également en remplacement de la farine dans de multiples recettes de gâteaux, pancakes, etc.

PARMESAN VÉGÉTAL CRU

Pour 130 g - Préparation : 15 min - Repos : 1 h - Séchage : 24h

150 g de graines de tournesol germées

1 c. à s. de levure maltée

2 petites échalotes

Le jus de 1 citron

3 pincées de sel

Faites tremper les graines de tournesol pendant 1 h dans de l'eau à couvert.
Filtrez l'eau de trempage des graines et rincez-les.
Mixez tous les ingrédients dans un blender jusqu'à l'obtention d'une pâte homogène. Si nécessaire, ajoutez un peu d'eau.
Étalez la pâte sur une toile de silicone en de très fines couches, à l'aide d'une maryse. Faites sécher au déshydrateur pour au moins 24 h. Coupez grossièrement en tranches.
Conservez 1 semaine dans une boîte hermétique.

Info nutrition

Les graines de tournesol, lorsqu'elles sont germées, libèrent toutes leurs propriétés : ce sont de petites bombes nutritives, riches en minéraux et en vitamines, essentiellement du groupe B et de la vitamine E. Également riches en protéines, elles constituent un très bon en-cas, nourrissant et satiétogène.

TABLE DES MATIÈRES

Automne

Hiver

INDEX PAR TYPE DE RECETTES

Condiments, pickles & tartinades

Entrées

Plats

Desserts

Boissons

Autres

INDEX DES PRODUITS

Remerciements

Angèle Ferreux-Maeght
Mes remerciements sont nombreux car tous ceux qui ont participé à l'élaboration de ce livre l'ont fait avec bienveillance et professionnalisme.

Avant tout, j'éprouve beaucoup de gratitude envers Alain Ducasse, qui a eu l'idée audacieuse de nous réunir.

Merci infiniment à Romain Meder, dont la passion est si inspirante et auprès de qui j'ai tant appris – Romain, entouré de filles tout au long du projet, a su garder son calme, sa gentillesse et son humour. Nous ne l'oublierons pas.

Merci à Jane-Lise Villegas, véritable puits de connaissance en alimentation santé et naturopathe exceptionnelle à qui je me réfère toujours.

Merci à Hermine Assany, Claire Trinchero, Camille Chamignon, Juliette Hislaire et à toute mon équipe de cuisinières hors pair, qui m'ont beaucoup aidée pour ce livre, comme pour tout le reste.

Merci à Aurélie Miquel et Marie Mersier, amies avec qui j'ai beaucoup de plaisir à travailler et qui savent embellir chacun de nos plats.

Merci à Fanny Morgensztern, Alice Gouget et Aurore Charoy pour leur patience et leur gentillesse.

Enfin, merci à ma famille, Émile Ferreux et Florence Maeght qui ont abrité nos journées de cuisine et de shooting avec bienveillance.

J'ai beaucoup appris de cette expérience, aussi joyeuse que délicieuse.

Romain Meder
Merci à Angèle pour ce moment de partage, ses jolies recettes, ses belles idées et sa bonne humeur permanente.

Merci à Marie pour ce beau travail de stylisme très pointu et à Aurélie pour son talent et ses magnifiques photos qui rendent encore plus de grâce à ce monde végétal.

Merci à l'équipe de Soins Graphiques : Pierre Tachon, Aurélie Mansion et plus particulièrement Camille Demaimay, pour son accompagnement et pour son œil précis tout au long de cette belle aventure.

Merci à Moussa Cisse, pour son aide lors des shootings et au quotidien.

Merci à mon équipe et plus particulièrement à Emmanuel Pilon, mon adjoint, pour son soutien et son travail depuis déjà quatre belles années et avec qui nous avons développé ce travail sur le végétal.

Merci à Jessica Préalpato, pour son travail journalier sur sa partition végétale sucrée.

Merci à Alain Ducasse, qui m'a permis de travailler sur ce livre et de me faire évoluer dans ce monde du végétal grâce à ses échanges, ses expériences, ses idées, son ouverture d'esprit et ses envies.

Marie Mersier
Un immense merci à Angèle, Aurélie, Romain et à toute l'équipe présente sur ce shooting. C'était beau, bon et drôle! Pour leur aide précieuse, merci à Bertille Miallier et Clémentine Delorme, mes deux acolytes de stylisme.

J'adresse également un grand merci aux boutiques, marques et céramistes qui nous ont prêté les accessoires et la sublime vaisselle que l'on peut apprécier au fil des pages. Merci à Pampa pour les jolis bouquets et couronnes de fleurs.

Ailleurs - www.ailleurs-paris.com
Aurélie Dorard - aureliedorard.com
Empreintes - www.empreintes-paris.com
Fleux - www.fleux.com
Jamini - www.jaminidesign.com/fr/
La Trésorerie - www.latresorerie.fr
La Manufacture parisienne - lamanufactureparisienne.fr
Marion Graux - www.mariongraux.com
Nous Paris - www.nousparis.com/fr/
Pampa - www.pampa.paris
Tensira - www.tensira.com
Vaisselle Vintage - www.vaissellevintage.com

Crédits

Directeur de collection
Alain Ducasse

Directrice
Aurore Charoy

Responsable éditoriale
Alice Gouget

Éditrice
Fanny Morgensztern

Photographies
© Aurélie Miquel

Stylisme & arts de la table
Marie Mersier

Direction artistique & conception graphique
Soins Graphiques
Pierre Tachon, Camille Demaimay & Aurélie Mansion

Photogravure
Nord Compo

Responsable marketing et communication
Margaux Penfornis
margaux.penfornis@webedia-group.com

Merci à Mathilde Borycki pour son aide précieuse.

Imprimé en Espagne par Ingoprint, sur du papier provenant de bois gérés de manière responsable.

ISBN : 978-2-84123-994-8
Dépôt légal 4e trimestre 2018

Ducasse Édition
2, rue Paul-Vaillant-Couturier
92532 Levallois-Perret Cedex